おしゃれは3色でいい

毎日が今よりもっと楽しくなる 50tips

神山まりあ

幻冬舎

PROLOGUE

　ファッションって自由。
　何を着ても、何をどう組み合わせても、気持ちが上がればそれでいいじゃない！

　でも自由だからこそ、その中で悩んだり、「自分らしくない」って違和感があったりした時に読んでもらえる本を作りたかったんです。

　私は先生でもないし、ファッションの専門家でもない、ただの洋服好きな人。
　というか、洋服へのこだわりと愛が強いマニアなモデル。偉そうに書くつもりは全然なかったんだけど、どうしても愛が強すぎてお説教っぽくなってしまってたらゴメンなさい。

　いや〜思う存分私服を自由にコーディネートさせてもらって、私の好きなスタイルを詰め込んじゃった。
　だからね、肩の力を抜いて、気楽に読んでほしいの。
　悩みが一つでも解決できたらそれで完璧。

世の中、いろいろな洋服で溢れているじゃない？

　かっこいい服、かわいい服、リーズナブルな服、高級な服……。組み合わせなんて数式くらい無限にある。

　それを選ぶってものすごい大変なことだよね。
「毎日コーディネートを考えるのがめんどくさい」って思われている方もいるかも。だって答えがないんだもん。

　この本を読んで、「なるほど」って思ってくれたら嬉しい。でも、「いや、私は違う」と思っても大正解。
　それがあなたの「好き」を見つけるヒントになると思うから。
　そしてその「好き」が、今まで抱えていたファッションのモヤモヤをきっと解決してくれる。

　あとは自由にファッションを、美容を、日々の生活を楽しむだけ。
　毎日が今よりもっと楽しくなれば、それでいいの。

CONTENTS

CHAPTER. 2
BEAUTY

CHAPTER. 3
LIFESTYLE

STAFF

編集協力	西尾慶子
撮影	217...NINA
スタイリング協力	石関靖子
ヘア＆メイク	TOMIE
ブックデザイン	月足智子
DTP	美創
マネジメント	関根朋子（イデア）

＊本書内のアイテムはすべて著者の私物です。現行品とは仕様が異なっていたり、生産・販売が終了している場合もございますので、お問い合わせはご遠慮ください。

FA

CHAPTER. 1

SHION

010 ✕ 011

One Step Closer
to Grace Kelly

グレース・ケリーになれる法則

私の憧れの女性、グレース・ケリーが教えてくれた法則は、私のファッションルールの大切な軸。

女優からプリンセスへと華麗なる転身を遂げたグレース・ケリー。女性なら誰もが憧れる美しい王妃様。シンデレラみたいに美しくて優雅で品があって、そしておしゃれ。彼女のようなドレスの着こなしがしたくて、私自身、結婚式の前に何度画像検索したことだろう。

生まれ持った気品は、残念ながらどうあがいてもすべて真似することはできないの。ふふ、でも、まだ希望は捨てないで。なぜなら、グレース・ケリー妃のファッションはちょっとだけ真似することができるんだから！

(1) **3色の法則**

グレース・ケリー妃のカラー写真を検索してみて。頭の先から、つま先まで、ほぼお洋服に3色しか使っていないでしょう？　1〜2色までに抑え、アクセサリーを1色とカウントする日もあるくらい、グレース・ケリー妃は究極のシンプルおしゃれの達人、そしてミニマリストでした。

もちろん例外はあるけれども、ほとんどが色使い３色まで。そう、品のあるコーディネートにはたくさんの色を無理やり入れなくていい。３色以内にするだけでファッションに統一感が生まれるのです。

その中にはもちろんバッグ、髪飾り、靴、アクセサリーも含んでいて。一度、ご自身の今日のファッションを鏡で見てみてくださいな。色の大渋滞、していない？

もし、３色の選択が難しければ、まずベースの色を決めてみると簡単。例えば白or黒or茶色。ここからワントーンでいくか、２色でいくか、３色で抑えるかを考えてみよう。いろいろ付け加えたくなるところを、我慢！　これが大事なポイント。このベースの色（白・黒・茶色）に基づいた靴とバッグをストックで持っていれば、バッグだけチグハグになってしまうという大惨事を逃れることができるので安心してちょうだいな。

おしゃれは加えれば加えるほどいいってもんじゃないんです。

減らすことが、おしゃれと品のよさにつながることもある！

（２）アクセサリーは地金の色に注意

今日使おうと決めたバッグ、ジップとチェーンの色は何色？　靴の金具部分は何色？　グレース・ケリー妃は日によってアクセサリーの地金がゴールドの日、シルバーの日、パールの日に分かれている。そう、これこそがファッションが統一して見える一工夫なのです。

バッグの地金部分がシルバーであれば、アクセサリーはシルバーやダイヤ、プラチナ、ホワイトゴールドに。ゴールドであればゴールドで統一を。パールはどちらの地金でも使える優秀な子。もしも、私に娘がいたとして、20歳になった時に渡したい記念のジュエリー、それは間違いなくパール。ワントーンのコーディネートでもパールを耳につけるだけで、一気に洗練されて見える不思議な力を持っているから♡

（3） 濃いジーンズは紺、薄いジーンズは青とカウント

ここで質問が多いのがジーンズ。ジーンズはウォッシュの度合いによって色のカウントの仕方を変えてみよう。濃い色のジーンズ（インディゴ・ブルーデニム）は紺色。薄い色のジーンズ（ライト・ダメージデニム）は青色。この2種類の分け方で3色コーデに取り入れてみることをオススメします。

デニムはカジュアルにもきれいめにも着られる、最強アイテム！

（4） リップは最後の仕上げ

さあ、首から下のファッションが完璧になったところで、忘れてはいけないのに一番手を抜きがちなところ。それは……リップの色。毎日同じリップをつけてない？　赤orピンクorオレンジベージュ。自分の肌に合うこの3色を揃えてみよう！リップは最後の仕上げ。3色コーデの中にすでに入っている色、3色コーデを邪魔しない色、またはポイントとなる色をこの中から計算して塗ってみると不思議としっくりくるの。

グレース・ケリー妃の代表的なリップの色は赤。以前グレースケリーレッドとして発売された真っ赤なルージュ。鼻息荒めに電話予約してまで買っちゃったよね。唇までファッションコーディネートの一部。忘れちゃいけない最後のチップなのです。

　　グレース・ケリーのファッションの法則。実はそれは私の母が教えてくれたもの。レディのコーディネートは消去法。王妃の美しさに魅了された母娘は、このルールに基づいて毎日のファッションを楽しんでいるのです。

　　でもね、もちろんファッションは自由なものだから。時に例外があったっていいのよ☺

　　毎日のおしゃれを自信持って楽しみましょう！

Classic Italian Summer Fashion

私にとってのファッションの神様、それは「イタリアマダム」。文字通り、イタリアに住む奥様方のこと♡　初めて衝撃を受けたのは、仕事でミラノに行った時のことだったなあ。ちょうど秋になりそうな、でもまだ暑い季節で、街行くイタリアマダムたちの肌はこんがりブラウン。シミもあるし、お化粧もナチュラルなのに、洗練されていて品があって美しい。背が高くて鼻も高いから美しく見えて当たり前？　いや、理由はそこだけではない。イタリアマダムのファッションの着こなしがさらに彼女たちを美しく見せているのです。

　今回は第二のゴクミを目指すべく、イタリアマダムに近づけるヒントをシェアしたいと思います！

（1） 日焼け肌を恐れない

マダムたちを語る上で大切なポイント。それはやっぱり健康的な日焼け肌♡　白い肌ももちろん美しいけども、褐色の肌はシンプルなお洋服のアクセントになる効果まであるお得感。そしてアクセサリーの色がコントラストにより映えるのよね。ガングロにならなくて大丈夫。健康的な日焼け肌はあなたの歯までもさらに白く見せ、そしてシェーディング効果でほっそりと見せてくれちゃう。

（2） うす化粧

ほんのり褐色肌になったなら、もうファンデーションはつけなくても大丈夫。保湿をしっかりして、肌にツヤ感を出す。それだけでコッテコテのファンデーションを塗るよりも美しい。気になる方はシミやクマをコンシーラーで消しましょっ。マスカラとリップ、眉毛をほんのり整えて。シワもいい感じに味になっていると思えるくらいの「頑張りすぎないメイク」を心がけてみて。

（3） 究極のシンプル

ここも大事なポイント。イタリアマダムは消去法が上手な究極のシンプリストだと思います。ワントーンで色を抑えたり、柄物のワンピースの時はアクセサリーを抑えたり。

シンプルだけど褐色の肌と相まっておしゃれに見える。余計なものはいらないのです。無地のワンピースと美しい肌、そしてジュエリーが揃い、太陽みたいに笑えば誰よりも美しい。それがイタリアマダム。

（4） アクセサリーとジュエリーで遊ぶ

洋服がシンプルな場合はサングラスやアクセサリー、ジュエリーで遊んでみるのもいいかもしれません。日本では「派手かしら？」と思うアクセサリーが彼女たち

にはちょうどいい。でもその代わり洋服をシンプルにすることが大前提。今日の
コーディネートで何を引き立たせるかを計算することが上手なのかも。

（5） 頑張りすぎないおしゃれ

ここまでで共通しているのは「頑張りすぎないこと」。素敵なコーディネートを考え
る時って、ついつい盛りすぎてしまいがちです。でもそこをぐっと我慢して、どこ
かに"抜け"を作り、こなれ感を出してみよう。

それは無地の洋服、シャツ＆ジーンズに美しいジュエリーをつけるようなもの。す
べてを頑張りすぎず、カジュアルと高級感の組み合わせが、さらにあなたをお
しゃれに見せてくれること間違いナシ！

（6） 姿勢と自信

そして最後に。美しくいるための絶対条件、姿勢。イタリアマダムは本当に姿勢
がきれい。肩のラインが耳のラインと垂直に結ぶことができる。子供の抱っこで
肩が前にきてしまうのが癖になってきた私。これはいかん。イタリアマダムを見
習って美しい姿勢で日々過ごさなければ！

姿勢が良い人には自然に自信がオーラとなって出てくる。このオーラはマダムた
ちがハッピーをまとっていると感じさせる最大の理由です。

　思ったより簡単でしょう？

　夏が近づいてきたらイタリアマダムを目指して、褐色の肌で誰よりも美しくなっ
ちゃいましょう！

Don't Forget Your Black Dress

旅のお守りは黒ワンピース

ほんの少し遠くへ旅行。そんな時、パッキングリストに載せると女度が上がる、そんな素敵なアイテムをご存じですか？

それは、黒ワンピース。ミニでもロングでも、丸めてポンと入れられる黒ワンピースは旅の必需品。突然おしゃれなところへディナーに行くことになったり、素敵な人にデートに誘われたり、コンサートに行くことになったり、旅先では何が起こるか予測不可能。「どうしよう、何着て行こう」。

黒ワンピースがすべて解決してくれます。カジュアルなところではビーサンを合わせたり、かしこまった場所ではヒールを履いたり。靴を変えるだけで、どんな場所にもぴったりとハマる魔法の洋服なのです。ヨーロッパでは"リトルブラックドレス"と共通理解があるくらい、一人一着は自分が一番きれいに見える"鉄板黒ワンピ"を持っているの。

いわゆるカジュアルに着られる勝負服。持っていない？ 今後、ショッピングに行った時に、自分のお気に入りの黒ワンピに出会ったら、少し高くても迷わず購入してください！ 絶対に後悔しないはず。

その黒ワンピはお守りのように、どんな時でも寄り添ってくれるでしょう。

体がきれいに見えるのは大事、でも、わがままを言うと、シワにならないワンピースだったらもっと最高。もともとシワ加工してあったり、ジャージー生地でバッグに丸めてポンしたりできたらストレスフリー。着る前に「あ、アイロンかけなきゃ」なんてこともない。

オススメのドレスはThe Rowのジャージー生地のブラックワンピース。値は張るけど、こんな美しいワンピースは見たことない。一切シワにもならないし、女性の体を美しく見せてくれる。私はこのドレスを結婚式で着たり、旅先のディナーで着たりと、かなりヘビロテしています。

黒ワンピといえば、昔、『魔女の宅急便』を見ている時に聞いたセリフが衝撃的だった。それは主人公キキが服が地味かなあ、と悩んでいた時にパン屋さんの奥さん・おソノが言った一言。

「黒は女を美しく見せるんだから」

はい、おソノさんのおっしゃる通り。私の勝負服は黒ワンピ。私の旅のお守りです。

Princess Diana's Casual Style

お手本はダイアナ妃の カジュアル休日スタイル

よく雑誌やネットで紹介されている"トラッドスタイル"。ところで一体トラッドスタイルって何なんだろう。カッチリとしたジャケットスタイルや、チェック柄にメガネをかけていい子ちゃん風？ イギリスの制服みたいな感じ？ ラルフ ローレン的な……?

そんなイメージから、トラッドスタイルってやりすぎ感があってちょっと恥ずかしい、という人もいるはず。でもみなさん、大丈夫。今のトラッドは一味違うのよ。これまでのチェック柄やメガネなどのトラッドのイメージは忘れて、ニュートラッドを学んでみましょう！

ニュートラッドとはとことんシンプルを突き詰めた、シックなスタイル。白シャツにジーンズ、または黒のパンツなどを取り入れてカジュアルの中にも洗練された感がある。お手本はダイアナ妃のカジュアル休日スタイル。力を入れすぎずにゆるっと、昔ながらのベーシックアイテムを上手に使うことで成り立つの。

代表的なアイテムは、白シャツ、細身のハイネックニット、ジーンズ、ボーダー、金ボタン、金アクセサリー、黒いパンツ、シルク生地のような柔らかい生地感のもの。ボーダー以外はとことん無地で、色はほぼ白や黒、ベージュ。ちょっと足りないかも、くらいがちょうどいい背伸びしないルック。

トラッドはtraditionalの略語。流行に惑わされることなく、長い間「美しい」とされているシルエットやアイテムを取り入れることによりニュートラッドが完成される。つまり、ベーシックなアイテムをメインに取り入れて、アクセサリーと柄を抑えめにすればいいの。

「Less is More（少ない方が豊か）」

ニュートラッドスタイルを試してみたい時はこの言葉を思い出して。

ジャケットを羽織りたかったら黒かベージュのシンプルな物をチョイス。そうやってベーシックアイテムを、自信を持って着こなすことによってニュートラッドが完成するのです。

肌が見えすぎると下品と言われ、見えなすぎると野暮ったいと言われる。どうすりゃいいんですかって話。私の持論は上手に肌見せできれば今よりもっと洗練されて見えるんじゃないかしら？　っていうこと。鍵を握るのは次の3つ。

（1）TPO

予定をよく考えて、ラフな服装でも良しとされる場所か否か。目上の方と会うのか、仕事なのかプライベートなのか。どんなに肌見せしたくても、TPOに合わないのはマナー違反。条件が合う日にだけ後の2つを試して。

（2）シャツの開け具合

かっちりとしたコーディネートであればあるほど、シャツのボタンを下まで開けるとかっこいい。コーディネートの緊張感が和らぐよね。

ボタンを下まで開けたくない方は、シャツを背中側へ抜いて、ボタン位置を上げてしまおう。背中にシャツの遊びの空間ができて、ほどよくカジュアルに。私は見えてもいいキャミブラで、第二ボタンまで開けるのが好き。

（3）肘から下の肌見せ

長袖を着て、なんだかのっぺりしてると感じたら袖をまくってみて。

海外でスーツを仕立てた時。それはそれはきれいな仕上がりだったのに、デザイナーさんが「パーフェクト！」と言いながら、スーツの袖をぐちゃっとまくり、肘まで上げてきた。スーツって着崩さないもんだと思っていたのに、目から鱗。肘下の肌見せひとつでこんなに変わるんだと感動。

　　肌見せは、着こなしを大きく左右する。こなれ感はもう自由自在だね★

Wedding Party Styling

NO MORE ボレロ!!!!
結婚式コーデの落とし穴

結 婚式。華やかなお祝いの席。もしかしたら旧友や懐かしの彼に会える
かもしれない、と心弾ませる前夜。もはや結婚式よりも友達に会うドキ
ドキと「何を着よう」が頭の中を支配している人も少なくないはず。

さてと、本題。日本の結婚式は海外の方がびっくりする、私的ちょっと「おダ
サ」な流行がある。好きな人はごめん！ それは……めちゃ丈短めボレロ。あ
の、ドレスの上に羽織っている、わき下までの丈短めのジャケットです。いやい
や、あったかくないじゃん、素肌は隠れているからいいのかもしれないけど。声
を大にして言いたい、ボレロはもう卒業しようよー！

　20代前半の子ならかわいいでしょう。でも、もし、あなたが30歳を越えてい
るなら、頭の中からボレロの存在を消し去ってほしい。あなたをもっと美しく引き
立たせる洋服はきっとあるよ。

短いボレロ+ドレスは昔、海外のプロムなどでみられてたよね。みなさん着こなしが素敵だから、日本でも流行したのでしょう。でも、今はちょっと違います。潔くドレス1枚でまとめる方がずっとエレガント。どうしても何かを羽織りたいなら、せめて胸より下の丈のジャケットにしましょう。きっと子供っぽい印象から洗練された女性へと変わるはず。

それから、髪の毛も盛りすぎに気をつけて。特にシースルーのスカーフやかわいらしいワンピースを着ている時の髪型は要注意。耳周りの後れ毛クルクルは危険。おしゃれは引き算。シンプルな髪型でも、とびっきり素敵なオーラを身にまとっていれば誰よりもおしゃれに見えるはず。

そのオーラは別名「自信」。髪の毛はツヤツヤにブローするか、キュッとまとめて。メイクよりも、肌ケアに時間をかけて。ナチュラルな美しさが引き立って、自然と自信がつくこと間違いナシ。

最後に気をつけたいのがアクセサリー。首にも耳にも揺れるアクセサリーはお腹いっぱい。どちらかでいいさ。耳元でもう一つ揺れる後れ毛のクルクルが合わさったらもうtoo much!!! 華やかなアクセサリーこそ全身を見て、トータルバランスを考えながら、足したり引いたりしましょう。

みんなが着ているから、着るとなんとなく安心するボレロ。それはもはや二の腕を隠すためではなく、みんなと一緒で安心したいという心理も働いているのかも。

もうさ、卒業しちゃおう。ボレロは次の世代にお任せして、私たちは自分が一番美しく見える洋服を探そうじゃないか!

そうね、まずは25ページでも話したリトルブラックドレス。ボレロの数億倍あなたを美しく見せてくれるはず、と信じてる!

Always Try on Before Buying

ネット通販はポチる前に、Try on!!!!!

　つい時間があると開いてしまうネット通販。今や海外のものでもネットで簡単に購入できる時代になったよね。カード決済でポチッと簡単に終了、なんて便利な世の中なんだろう！　トイレットペーパーだって、食品だって、ネットで買えばいいさ！　なんだったらアクセサリーだって下着だって、洋服だっ…て…？

　はい、ストップ。洋服は簡単にポチってはNG!!!　なんとなくのサイズ感で買うと、半分以上の確率で失敗します。想像と違う、肩の位置が合わない、サイズ感、実物の色と顔色が合わないなど。そう、洋服は試着マスト。リピート買いや、確実に似合うものとわかっていれば良いかもしれません。でも少しでも不安な場合はお店へ出向いて試着をしましょう。

　ファストファッションのTシャツ一枚でも、必ず試着。セール会場で行列ができてる試着室に並ぶのは面倒臭い？　いやいや、ルンルンで帰ってから着てみてガッカリするよりも、待つことに時間を捧げようではないですか。実際に我を失ってセール会場で洋服を集めた後に試着室に行き、着てみると案外「あ、これいらないわ」なんて冷静になることもザラ。その分、サイズ感もバッチリで色も好みなものに出会えた瞬間は試着室で思わず叫びたくなってしまうほど。そう。運命の一枚と出会う瞬間は家の中ではない、試着室の中なのです。

なんの変哲もないショートパンツとセーター、Tシャツ。こういうものをつい、ネットでポチりやすいよね。でもこれ、一瞬着て終わるか、長い間の相棒となるかが極端に分かれるの。"見た目は普通でも、着てみるときれい"と感じれば、体に合っているということ。シンプルなお洋服ほど顕著にそれが出るので、私は試着してから購入するようにしています。

例えば、私のスタイリングに欠かせないショートパンツ。普通のショートパンツが欲しくって、でも大人っぽく上品に着たい。ワガママを言うならば脚長効果も期待したい。人気商品だったため、すぐポチりたい……という気持ちは山々だけど、ここは一旦落ち着いて次の休みの日にお店へ行くことを決めたのです。

早速試着すると買おうとしていたパンツが……小さい。いや、なんか違う。そこでワンサイズ上げて試着することに。すると、バッチリぴったり‼ もう私の体に沿って作ってくださったの⁉ なんて自惚れてしまいそうになるほどの着心地、そして何よりも体をきれいに見せてくれる。ああ、あの時ポチらずに試着してみてよかったと、再確認したことを覚えています。今では、そのショートパンツは毎年色違いで買うほどのお気に入りに。もうサイズがわかっているからポチッとしても怖くありません。

シンプルな洋服、実はこれが一番試着マスト。柄物はごまかせる、でも無地のものはごまかせない。質と形でその人の清潔感にまで影響を与えるほど。

今、何かをちゃっちゃとポチろうとしているあなた。ちょっと、ストップ‼‼ 一度面倒でもお店に行って同じもの、または同じ種類のものを試着してください。そこから通販で買うことを全力でオススメします。通販の方がたまに気持ち安かったりするよね、でも、試着するまでは我慢だ‼
「これで、いい」ではなくて「これが、いい」そんな1着に出会えますように。

Rules of Closet Organization

整理整頓のオキテ。
1年以上着てない服とはお別れです

クローゼットの中がどんどん洋服で溢れてきて、もはや衣替えも何も整理整頓さえ無理……そんな方もいらっしゃるかしら。

クローゼットは心の鏡。洋服を整理するだけで、心がリフレッシュしたり前向きになったりするもの。毎日のお洋服選びにワクワク・ドキドキできたら、それだけで女性はきれいになると信じている私。だからこそ、今ある洋服さんたちときちんと向き合ってほしいの。奮発して買ったそのセーター、本当に着ていますか？ 思い出のTシャツ、ほこりかぶってないですか？

衣替えの日は心をリフレッシュするチャンスの日。夏の終わりと冬の終わりの年2回。私はその日を「整理整頓の日」としています。

さあ、クローゼットを開けてみよう！ 整理整頓のスタートだ！

（1）クローゼットを一度からっぽにする

もうどこから手をつけていいのやらわからないクローゼット。それでいいのよ。一度クローゼットの中身をすべて出してくださいな。足の踏み場がないって？ ゴミ袋が3枚おけるスペースがあれば大丈夫。

(2) **心を鬼にする**

ここ大事。心のモードの切り替え!!! 鬼にならねば先に進まぬ整理整頓なのです。

(3) **ゴミ袋を3枚用意する**

1枚目…よく着る服

2枚目…去年着ていない服

3枚目…汚れている・もう着ない服

もうすでに鬼モードになっているあなた。決して深く考え込んだり、思い出に浸ったりすることなく、素早く3つのゴミ袋に仕分けてください。ここでは「無の鬼モード」、直感に任せてパパパっと。

(4) **汚れている・もう着ない服は部屋の外へ**

3枚目のゴミ袋に入れた服は、心の中で「ありがとう」と唱えてそっとゴミ袋の口を縛りましょう。そして部屋の外に置いて、ドアを閉めるのです。

(5) **鬼モードで見つめ直す**

きっと3枚目のゴミ袋が一番中身が少なかったはず。問題は2枚目の去年着ていない服。正直、前の年に着ていない服は今年着るとは思えません。結論、ほぼほぼ2枚目に入っている服たちもバイバイする子たちです。鬼モードで、もう一度見つめ直し、今年絶対に着る自信があるもの・大切なものだけを選抜したら、あとはエイっと袋の口を縛りましょう。

(6) **よく着る服をもう一度チェックする**

よく着てますか？ 本当に？ 色は好きだけど太って見えるとか。形はきれいだ

けど着心地が悪くて疲れるとかない？　今あなたはクローゼットをリフレッシュさせていることを忘れずに。本当によく着る服だけをハンガーにかけましょう。「今季もよろしくね」って語りかけながら。

あ、この時に音楽もかけたいね。気分が上がるやつ。お酒なんてひと口飲んじゃったらどうだろう。新しいクローゼット・新しい季節の始まりだから！

（7）　手元に残った服をクローゼットに戻す

鬼モードはキープしたまま、手元に残った服を収納。できるだけたたみを減らして、すべてハンガーにかけられたらすっきりしていいんだけどな。

（8）　さよならする洋服を譲る

バイバイすることに決めた洋服たちは寄付でも、古着屋さんでも、友人に譲るでも、あなたの納得いくようにしてくださいね。またクローゼットの中に戻しちゃダメよ。

（9）　整理整頓完了

きれいに整頓されたクローゼットを見つめて、これからどんな洋服がハンガーにかかるのだろうと思いを馳せてみてください☆　きっと、新しい出会いが待っているはず。

　整理整頓は始めるのがなんとも億劫。でも、この衣替えのタイミングで重い腰をあげるとベストなの。心もクローゼットもきれいになって、新しい季節にウキウキしましょう！

Keep Your *Shoes* Clean

頭隠して、靴隠さず！ 残念な美女

ても素敵な女性。メイクはバッチリで愛想も良く、髪の毛もツヤツヤ。ス
と タイルは峰不二子ばりで洋服はブランド物と宝石だらけ。しかし、彼女
が歩くと、カツーンカツーンと音がこだまする。金属がぶつかるようない
や～な音。美しい彼女の靴のかかとは、ゴムが取れて金属むき出しの状態に
なっていたのです。

どんなに美しくても、着飾っていたとしても、靴のかかとが壊れていたらもう
興醒め。思い当たる節がある方は、今すぐ紙袋に靴を入れてお直し屋さんに
走って！ そんな細かい所、誰もわからないと思うでしょう？ 案外みんな気づい
ているのよ。そして靴の汚れや剥がれも同じ。

その人の履いている靴を見れば、どんな人なのかわかってしまうことだってある
んだから。それはもちろん、靴のブランドのことではなく、その靴の状態のこと。

かかとの削れたヒールを履いた美しい女性は、きっと家ではものすごく面倒臭
がりなのかもしれない。お家も汚いのかも。着飾ってはいるけれども、一緒に
住みたくはないな、と男性に思われてしまう可能性も。かかと一つで、家の中
の姿や生活まで想像できてしまう、それが靴の怖いところ。ぜひメンテナンスは
きちんとしていたいものです。

私の夫も実は靴にはめちゃくちゃうるさい。普段の洋服は全く代わり映えのない
Tシャツやシャツ、そしてジーンズのルーティーンなのに靴にはこだわる。靴磨き
セットは常備してあるし、新しい靴を購入すると必ずスプレーで汚れから守る。

靴磨きは一家にワンセット置いておくか、心に余裕があったら靴屋さんで仕事
帰りに磨いてもらうか。そんな靴に対する愛情が、「細かいところにまで目が届く
余裕のある人間像」を想像させてくれるもの。

年末などの節目に、お世話になった靴たちを一斉にピカピカにしたら、気分も
新たにすばらしいスタートができそうだよね。

Resort Fashion Queen

目指せ、大人の水際クイーン！

年々暑さが厳しくなり、梅雨がやってくると同時に夏がスタートしている
みたい。プールになかなか行けなくても、きっと川辺や海辺、公園の
じゃぶじゃぶ池など自然溢れる水際に行く機会が多いでしょう。

　ここで、大人の女性の悩みどころ。水に濡れても恥ずかしくない洋服、ちょっ
とだけ子供と一緒に水で遊べる洋服、おしゃれで機能的、そして涼しい＆UV
カットにも効果的な水際ファッションって一体どんなのだろう？

　今回は水際にオススメなブランドを紹介しちゃいます。

（1）mikomori

スタイリスト安西こずえさんがプロデューサーを務める水際ブランド。もちろん水
着もかわいいのですが、一番オススメしたいのは「シャツ」!!　夏にシャツです。
水際にシャツです。

mikomoriのシャツはなんと撥水加工、そしてシワにならない生地、濡れても一
瞬で乾いてしまう魔法のシャツ。プールにだってそのまま入れちゃう。水着の上
に羽織ってもいいし、ジーンズと合わせて着てもいい。シンプルなシャツなので
何にでも合わせやすいのがまた嬉しいポイント。

このシャツは優秀すぎて、毎回水辺に遊びに行く時はバッグに忍ばせています。
丸めて持って行ってもシワにならないんだもん。品のある、大人な水際ファッショ
ンに変身！

（2） nagonstans

「ENFOLD」のデザインチームが率いるブランド。オススメしたいのはタンクトップ
やワンピース、ショートパンツ、そしてラッシュガード。すべて水を弾く、まるで水
着のような生地。長袖のラッシュガードはもちろんそのまま水に入れるし、UV対
策にもなる。子供が何時間もプールで遊ぶ中、日焼けしたくないというママには
ぴったり。モデルさんたちにもここのラッシュガードを愛用している人が多いの。
nagonstansの水着はまるで洋服のようなシルエットで、適度に気になるところを
隠してくれるから、大人の女性に大人気。
私もワンピースやショートパンツ、水着、ラッシュガードを愛用中。
新作が発表されるとスタイリストさんたちが展示会に走る！　そんなブランドなの
でぜひご注目を★

（3） FORME

モデル・東原亜希さんのブランド。お洋服も人気なのに加えて、夏になると速攻
で売り切れてしまう水際アイテムは業界でも大人気。
体形隠しが適度にできる水着やラッシュガードは特に評判がよくて、ゆるっと女
性らしいラインは保ちつつ、ぽっこりお腹も隠してくれちゃう。それでいておしゃ
れなんだもん！　こりゃ最高だ！　水着の他にも水際で活用できるワンピースや
帽子など小物も充実しているの。
そして極め付きは、キッズとお揃いコーデができちゃうこと。大注目ブランドさん
です！　私もこれからいろいろとゲットしていきたいと思っているところ♡

　　夏になると何を着ようか迷っていた大人の女性のみなさま、機能性に富んだ
アイテムで水際クイーンになっちゃってくださいな★

Attention to Detail

「なんか、おしゃれ」は小物でつくる

小物はファッションをアップグレードしてくれるものであると同時に、トレンド感や人となりが顕著に出やすいところでもあります。スカーフ、メガネ、バッグ、帽子に靴……。このサイドメニュー的な小物たちがコーディネートに大きな影響を与えるの。「あの人、シンプルなんだけど、なんかいつもおしゃれ」そんな印象を作り上げるのは洋服のコーディネートじゃない、サイドメニューの添え方次第！

　だからって最新の流行り物を集めろと言っているわけでもなくて。メガネがヴィンテージでも、スカーフがお母様のものでも素敵。そう、身につけ方にポイントが凝縮されている。

　まずはいつも使っているスカーフを引っ張り出してきて。シワになってない？あなたの魅力を半減させてしまう可能性があるのがシワの恐怖。シャツにアイロンをかけるんだったら、ついでにスカーフにも丁寧にアイロンしてあげて。どうせ巻いたり、結んだりするから見えないって？　違うの、見えないからこそ丁寧にアイロンする、そこから清潔感がにじみ出るってわけ。

　そして、いつもワンパターンな結び方をしていない？　スカーフは使い方によっておしゃれ度が変わる。今のトレンドはどこにつけて、どんな結び方が主流なのか、それを把握するだけでも変わってくるんだな。

　周期的に巡ってくる、頭をすべて覆ってしまう70年代のスカーフの巻き方「給

食当番スタイル」。これはちょっと難易度が高いけど、でも、これさえわかっていればスカーフをカチューシャ風にするもよし、髪の毛の結び目にさらっとつけるもよし。顔周りがスカーフの流行ゾーンということがわかるよね。

"なんか、おしゃれ"って感じる人はそんなトレンドを意識して、さらっと取り入れている人なの。

　　大判のスカーフなら室内で寒くなった時も使えるし、コーディネートがシンプルな日のポイントにもなる優秀品。だからって1枚のスカーフを使い回すのはちょっと危険。やっぱりどんなに素敵なスカーフでもコーディネートに合わせなきゃ、トンチンカンなことになってしまう。

　　そこで万能なスカーフの色を紹介します。1色持っているととても役に立つ色。それは、淡いベージュ。白に近い、ニュアンスカラーのベージュ。アースカラーって言った方がいいのかな。この色は本当に優秀で、どんなお洋服にも基本的に合う。そして一つ足すだけで、自然と品のあるイメージにもしてくれるんです。

　　ただ淡いベージュにもいろんな濃淡があるから、購入する前に必ず鏡の前で顔周りに持ってきてみて、顔色がくすまないかどうかのチェックをするのがオススメ。基本的に色白さんは濃いめのベージュ、色黒さんは薄めのベージュがお似合いよ。

　　以上スカーフのおしゃれ術でした。

　　新しいお洋服を買い足す前に、素敵なスカーフを1枚味方にしてみてね。

Lingerie Secrets

秘密のランジェリー事情

　　い きなり変な質問します。今、どんなブラつけてますか？　レース、無地、プッシュアップ、スポブラ……さまざまな答えがあると思います。

　人からは見えないところ。それでも下着を新調した日はなんだかドキドキしますよね。まるで、誰にも言えないけど言いたい、そんな秘密を握っている気分。いい下着をつけると、気分が良くなってホルモンが出る……なんて話を聞いたことがあるけども、これって本当だと思うんだよね。一番肌に近いところにあるものだからこそ、心地よい下着を選びたい。
　でも、そんな着心地やお気に入りのデザインを優先しすぎて、ファッションに悪影響を与えている下着をつけていませんか？

　例えばブラの場合。どんなに素敵なデザインであっ

ても、折角のコーディネートをダメにしてしまう組み合わせがあるんです。例えば、ピタッとしたTシャツやセーター、ハイネックのリブセーターにレースでフワフワの下着の組み合わせ。フリルの多いブラは、見た目がゴワゴワするだけでなく、着膨れしてしまう可能性が。ここはデザイン性よりも体を美しく魅せることを優先させて、プレーンのツルッとしたブラを選びましょう。

そしてもう一つ。キャミソールからブラの肩紐が出るのはNG。これもあんまりカッコよくない。見せる用の下着ならまだしも、普通のブラだと、ヘルシーなイメージが急にセクシーになりすぎてしまうこともあります。この場合は肩紐が取り外しできるブラを選び、すっきりとコーディネートを見せてもらいたいものです。

そして最後に、白のトップスに色付きの下着はNO。たとえ透けにくいと言われたアイテムでも、やっぱり透けちゃうのが白。この時の下着はベージュか白を選んでください。

着心地や気分を考えると、下着選びは二の次でいつものブラをつけてしまうことがあると思います。でも、見えてますよ。見られてますよ。

そう、せっかくの素敵なコーディネートをさらに美しく魅せるには、細部までのこだわりが必要なの。

Tips on
Eyewear

知ってて損なし！ 似合うメガネの選び方

無数にあるメガネの形。どれにしようか。どれが客観的に似合っているのか。迷ってしまうことってありませんか？　実は顔の形によって似合う、似合わないメガネは決まっているの。これを読んだ方はもうメガネ選びに困らないはず★

　まずは顔全体が見える鏡を用意してくださいな。顔の形を客観的に見てみて、あなたの顔は（1）丸　（2）四角　（3）逆三角形　（4）面長のどれに当てはまる？

　ここで重要なのは顎の形。尖っているか、ゆるいカーブを描いているか、はたまたエラが張っているか。この顎の形をUの字と比較した時に足りない部分を補う線が、あなたに似合うメガネの形と合致するのです。

（1）**丸顔さん**

優しい印象の丸顔さん。Uの字と比較すると高さと鋭角さが欲しいところ。なので丸顔さんは少し縦に長いメガネか、スクエアなどの直線的なメガネがお似合いになります。まん丸のメガネはオススメしません。

（2）**四角顔さん**

直線的な印象の四角顔さん。Uの字と比較すると曲線が欲しくなるよね。四角顔さんはゆるっと弧を描くオーバルの形がよくお似合いになります。

鋭角さは十分にお持ちなので、直線的なサングラス（四角・キャットアイ）はあまりオススメしません。

（3） 逆三角形顔さん

顎がシャープな逆三角形顔さんはメガネがとってもお似合い。基本的に四角・
オーバルなどどんなメガネでも合います。Uの字と比べて横幅が足りないので、
特にティアードロップ型のメガネやオーバルの曲線的なメガネを得意とします。大
きなサイズのメガネなんて大好物。とってもおしゃれに見せてくれますよ。
ただ、顎がシュッとしている分、同じくシュッとしているキャットアイのメガネをか
けるとクールすぎてしまうかも。でも大丈夫！
私の顔はこの逆三角形タイプですが、キャットアイでも、得意の大きなサイズ感
でカバーすることで、苦手も克服！

（4） 面長顔さん

卵形のような美しい面長顔さん。少し幅が広めなタイプのメガネを選んで、メガ
ネのフレームとフェイスラインを近づけるとバランスが良くなります。幅広メガネの
中でも、よりシャープな印象を残したい方は直線的なスクエアやキャットアイのメ
ガネもオススメです。
フレームが小さいメガネを選んでしまうと、顔が大きく見えてしまうかも。もし小さ
いフレームのメガネがお好きであれば、ハーフフレームのものなど目線が上に行
きやすいものを選ぶと良いですよ。

　　自分に似合うメガネは客観的にはなかなか選びにくいもの。このヒントを元に
メガネのおしゃれがもっと楽しくなることを願っています★

Winter Pearl Beauty

冬のパールは美しい

冬の朝。起きるのもしんどい……洋服着る時なんて寒すぎる！ そんな季節はコートが手放せないけど、コートの存在感で同じコーディネートに見えがち。こんな時こそ、アクセサリーの力を借りたいもの。それによって全然印象が変わります。特に顔周りのアクセサリーは暗い色になりがちな服でも顔色をパッと華やかに魅せてくれるの。

（1） **パール**

雪の粒のように見えるパール。やっぱり冬のパールは美しい。エレガントに見えるだけでなく、白のコントラストで顔色まで明るく見えちゃう。そしてどの洋服にも合わせやすいのが魅力なので、一つ持っていて間違いのないアイテム。

コートに全身を覆われた外でも見えやすいように、ピアスやイヤリングで取り入れることがオススメですが、パールのネックレスを重ねづけするのもおしゃれ。シャツのボタンを思いっきり開けて、パールの重ねづけをするとまるでヨーロッパのマダムみたいになれるかも。

（2） **ゴールド・シルバーのアクセントイヤリング**

私の一番のオススメアイテムがゴールドかシルバーのアクセントイヤリング。アク

セントとして大きすぎず派手すぎないアイテムを選ぶのが基本。ハイネックを着た時にキラッとしたゴールドorシルバーのイヤリングをつけると、ハイネックがイヤリングを引き立ててくれる。

顔周りにキラキラが欲しかったら、小さく装飾がたくさん付いているイヤリングより、シンプルな一点主義のイヤリングの方がベター。光がより集まり一見シンプルなようでアクセントとして目立ちます。

ゴールドとシルバーの両方があればバッグのチェーンの色などに合わせて変えられるので、2色持ちするとすごく便利★　モード好きな方にもオススメ。

（3）**ダイヤモンドのフープピアス**

ダイヤモンドのアクセサリーは永遠に素敵。その中でもオススメなのは小さなフープピアス。パーティーにも使えるし、カジュアルシーンでも使えちゃう強者。ダイヤモンドの上品な輝きのおかげで、どんなにシンプルなお洋服でも一つ格上げしてくれる。ダイヤモンドの威力はすごい！

もちろん一粒ピアスも素敵だけど、冬の大きなコートには迫力で負けてしまう可能性があるので、冬は小さなフープピアスだとバランスよく見せることができるの。

　　最後に一つアドバイス。アクセサリーの保管って意外と難しい。私も使いやすいアクセサリーケースを探し続けて、やっとたどり着くことができました。

　　それは、無印良品のアクセサリーケース。この使いやすさには驚いた！　アクセサリーを選ぶ、探すのに時間がかかっていたのが嘘みたい。アクセサリーの種類は一目瞭然、ケースの中身をアレンジすることで時計やブレスレットまで収納できちゃう。

　　素敵なアクセサリーをつけて、キラキラな冬を送ってください♡

Insta-good Photo Tips

インスタ映えする、
ファッション写真の撮り方はこれ！

みなさんお馴染みのインスタグラム。もはや最近は名刺代わりになったり、お仕事の発展にもつながったり、出会いがあったり……インスタの可能性が広がってきたね。

　個人のインスタはパーソナリティーを見せる場なので、お洋服や自分を載せることもあると思います。たまにインスタをクルーズしていると見つけるよね、あ、この方のページなんかおしゃれ……って。そんなおしゃれなファッション写真を撮るにはコツがあるんです。

（1）**<u>アングル</u>**

これが実はすごく大事。スマホで何も考えずパッと瞬間を撮る、それも素敵だと思います。でも、もしファッションをインスタに載せる予定ならアングルは考えておいた方が◎。プロのカメラマンさんに教えてもらったコツを紹介しちゃうね。

まず、グリッド機能を使います。グリッド線とはカメラ画面に格子線が出て、水平、中心、垂直、平行がわかりやすくなるサポート機能。その機能を「設定」でオンにしたら、構えが安定して、撮りやすい。

カメラを起動したら、人物の顔部分がちょうど中心に来るようにします。そして、中心の顔位置をずらすことなく、フレーム内に足まで入るように撮影者は引いた

り寄ったりします。ここで重要なのは、足の先をちょうどフレームに合わせること！ そうすると足が長くきれいに写るの！ この時、スマホを前後左右に傾けたりせず、必ず真正面から写真を撮ること。まっすぐであること。そうしないとグリッドの効果が半減してしまう。

写真的には上部分が空いてしまい、もっと寄りたくなってしまうかもしれない。でも、ここはぐっと我慢！ 後から切り取ればいいんだから、今は体がきれいに見えることを第一に考えましょう。これでファッション写真は素敵に撮れるはず。

（2） <u>光</u>

光も大事。写真を撮る時は光の位置を確認することが鉄則。とにかくNGなのは真上からの光が強い場所なの。頭のてっぺんだけ明るくなってしまって、顔には影ができ、洋服もきれいに写らない。もし写真を撮る場所の上にライトがあったら、迷うことなく移動して！

横からの光の場合は、光の方向に顔だけ向ける裏技もあり。

（3） <u>切り取り</u>

勇気を持って写真を切り取る。素敵な写真を撮れた後はどうしてもそのまま載せたくなってしまいます。でも、同じような写真が何枚も続くと見る側は飽きてしまうことも。そんな時は写真を切り取る。顔が切れたっていい、首元までの印象的な写真が1枚あっても素敵じゃない。そう、ファッション写真は切り取りも大事だったりするんです。

（4） <u>背景</u>

気にしているようで、気にしてない背景。背景にちょっと写ってるその荷物、見えてますよ。構図が決まったら、撮る前に必ず余計なものが入っていないか画面

でチェック。何か一つでも写り込んでしまうと、突然リアルな写真になってしまう。ファッション写真を撮りたいなら洋服に意識が行く写真がいいよね。

オススメは"壁"を探すこと。白でも何でもプレーンな壁を見つけて、その前で撮ってみて。

（5）**色合い（アプリ）**

写真を撮り終えたらアプリで色調整をしましょう。顔や脚の長さを加工するのではなく、色味の調整。オススメはLightroomというアプリ。ここで写真を平行に整え、色味を好きなように重ねていく。最後の色味調整が実は素敵な写真にする大事な工程なのです。

オレンジをうっすら重ねて、夕日の中で撮っているようにしたっていい、グリーンを重ねて少しフィルムっぽい写真も味がある。自分の色味はこれ、と決めてしまってすべての写真に統一感を持たせるのもアリ。

これがファッション写真のコツ。

私もまだまだ勉強中だけど、写真で世界観を作り上げることは大好き。お気に入りのお洋服をゲットしたら、素敵な写真を撮ってみんなとシェアしてみてくださいね★

Plan Your Look in Advance

明日、何着よう？ が心の余裕を作る

私の仕事は朝早いことが多く、6時には家を出るのがほとんど。たくさん寝ないと力が出ない私は、できるだけ長く睡眠をとりたい。でも焦りたくない。そんな1分1秒が惜しい朝にコーディネートを考える暇はなーい！ だからといって適当なコーディネートは嫌。仕事の後、そのまま息子の学校の用事があったり、パーティーの出席があったり、展示会にお邪魔したり……。毎日TPOに合わせた服を着たいもの。

でも、朝寝ぼけた状態でそこまで考える余裕はない。なので私は前日の夜にコーディネートを考えることを日課にしています。靴・バッグ・アクセサリーも

含めすべて。毎日のことなので、今はお風呂に入っている時、自然に考えるようになってきた！（この時、「3色の法則」〈P11〉を使うと簡単です！）このやり方が習慣化されると、朝の支度の時間がものすごく短くなり、少し心に余裕が生まれたの。

余裕がない生活って、時間のない生活ってこと。頭の中もパンパンで、常に何かを考えているってこと。忙しいって素晴らしいし、決して悪いことではない。でも、その忙しさが心まで焦らせてしまって、不幸せになってしまったら元も子もないじゃない？

そこで一つ提案。朝の時間だけでも頭の中を空っぽにしませんか。心の余裕は作ることができる。その一つのアイディアとして、前の日の夜にコーディネートを考えてしまうことをオススメしたいの。一つ何かを考えなくてもよくなった分、心を落ち着かせてあったかいコーヒーを飲み、木々の揺れる音や鳥のさえずりに耳を傾けてみることだってできちゃうかも。すると不思議なことに、今日という1日がもっと素敵な日に感じることでしょう。

ワクワクするようなコーディネートを前日に考えて、朝それを楽しみに着替える。ハッピーは普段の何気ない行動を少し変えるだけで、生まれる。

ぜひ今日から試してみてくださいな！

Pretty Don'ts

おブスの法則

運命の人と出会えるかもしれない予感……。こういう時こそ、ぜひ前日にコーディネートしてほしいんです。そして、「おブスの法則」にハマっていないか確認してください。気合い入れて臨んだ日に、いつものあなたらしさが感じられなかったら悲しすぎる！

おブスの法則(1) トレンドおブス

ファッショナブルに見せたいのはわかります。でも、頭の先からつま先までトレンドを意識してしまうとあなたらしさがなくなってしまう。トップスでもバッグでもいい、シンプルなアイテムを一つ投入して、トレンディーな洋服よりも自分に目がいく工夫をしましょ。

おブスの法則(2) 宝石ジャラジャラおブス

素敵なジュエリーを持っているのは羨ましいわ♡　でも、今それを披露する時？ すべてをこれ見よがしにたくさんつけていたら逆に下品に見えてしまうもの。お気に入りのジュエリーを一つだけつける方がよっぽど素敵。ジュエリーは、お守りのように大事に身につけたいね。

おブスの法則(3) セクシーおブス

素敵な人に出会えるかもしれないそんな一大事。女性の武器だって振り回したく

なる！　でもね、あまりにもセクシーすぎてしまうと、男性が逃げてしまう可能性
が。なんなら女性も引いちゃうかも。もちろんセクシーな人に目がいってしまうの
はわかる。でも、セクシーアピールが彼を射止めるのに必要なことでもないじゃ
ない？　二人が親密になってからで十分。それで視線を奪うよりも、もっとあなた
らしい、いい方法があるはず。

おブスの法則(4) シワシワおブス

いざ出陣の前に、一番気をつけてほしいこと。それは洋服のシワ。このシワは顔
のシワより怖い。気にして、お願い。
シワは清潔感を失わせ、お家での生活までも想像させる。1円の洋服でも、10
万円の洋服でも、そのシワへの対処がされていなかったら値段関係なく価値は
一緒。あなたの魅力は下がってしまうかも。

おブスの法則(5) 言葉づかいおブス

最後に一つだけ。言葉づかい。たとえ友達同士でも、言葉づかいを整える気持
ちは心の隅に置いておきたいもの。
ふとした瞬間にそれは表れます。店員さんに「トイレどこですかー？」と聞くよりも
「お手洗いどこですか？」と聞いた方が美しいでしょう。「あ、どうも！」というより
も「ありがとう」と言った方がスマート。
言葉づかいを気にしないと、どんなに身なりが美しくても一瞬で興醒めされちゃ
う。常に気をつけてと言っているわけではなく、要所要所で頭に入れておいてほ
しいなーということ。

　いざという日にキラキラ輝けるかどうかは、すべてあなた次第なのよ♡

Unconditional Love

「好きを貫く」ということ

なたの「好き」って何ですか？　私がかっこいいなあと思う人はいつも「好き」を貫いている人。

膝丈スカートが好き。
金髪が好き。
ピンクが好き。
シンプルが好き。
お花が好き。
ヴィンテージが好き。

　なんでもいいの。自分の中で譲れない「好き」は守り抜いてほしい。どんなに流行があったとしても、イメチェンしたとしても、こだわりを取り入れるだけであなただけのスタイルになるから。

　自分の「好き」を知っていると自信にもつながる。そしてそれを身につけているだけで気持もハッピーになるよね。

　私の「好き」はクラシックスタイル。パールや一粒ダイヤ、少し古風な王道クラシックが好み。この洋服を、もし、ダイアナ妃が着たらどんなコーディネートにするだろうって考える。すると、自然にコーディネートのヒントが浮かんでくる。

　私にとって最終確認みたいなこの頭の中の作業は、もう癖になっているみたい。この癖のおかげで迷うこともなく、そして好きなスタイルに一貫性を持てるようになった気がする。

　好みは人それぞれ、だからみんな個性があって美しい。

　時には、自分を見つめ直して、あなたの「好き」を大事にしてみませんか？

　そうしたら、今よりもっとファッションが楽しくなるかもね♡

Fashion Icons on Screen

映画の中のファッションアイコンたち

まで何度映画にインスピレーションをもらっただろう。ファッション心に響いた映画を3つ、勝手にご紹介します★

(1) <u>**Sex and the City**</u>

王道中の王道。ファッションと言ったらこの映画！ 靴を愛する登場人物の女性たちが最もリスペクトしてるブランドがあるの。それは「Manolo Blahnik」。彼女たちは大事な時はいつでもマノロを履きこなし、主人公キャリーに至ってはプロポーズで婚約指輪の代わりにクローゼットとマノロのヒールをシンデレラのように渡される。キャリーが新しいマノロを購入した直後、強盗に銃で脅された時は、「マノロ・ブラニクだけは盗らないで！」と叫ぶシーンも。

私のマノロへの憧れはこのSATCで生まれて、節目に少しずつ揃えています。高級なので本当に特別な時だけ。マノロに足を入れると、まるでSATCの世界に入ったように、自分に自信がつく。背筋もシャンと伸びて、脚さばきも自然に美しくなる。私にとって魔法の靴。

(2) <u>**プラダを着た悪魔**</u>

こちらもファッション好きにはたまらない映画。ファッションが人を前向きにして、人生まで変えちゃうパワーがあるんだと教えてくれる。そして主人公アンドレアを

演じるアン・ハサウェイのかわいいことったらもう。

そんなファッションの可能性を感じさせてくれるこの映画の中で、今もなお憧れ続けるコーディネートがある。それは、アンドレアがパリの出張同行を上司から言い渡され、悩むシーン。シンプルなシャツの上にオフショルダートップスを重ね着。そして、CHANELのパールロングネックレスをつけていました。この瞬間から、私はCHANELに恋をしたのです。シンプルな洋服に映える、絶妙な長さのパールネックレス。

いつか大人になったら、自分で買いたい。そう誓ったネックレス。その衝撃から年月が経ち、初めて買ったCHANELは自分との約束通りロングパールネックレスでした。妹の節目のお祝いにも同じネックレスをプレゼント。憧れのこのネックレスは一生大事にすると心に決めているの。

(3) 魔女の宅急便

最後はアニメから。ジブリ映画にファッション要素!? と疑問に思われる方もいらっしゃるかな。

「旅のお守りは黒ワンピース」(P27)でもご紹介したけど、おソノさんの「黒は女を美しく見せるんだから」というセリフにどれだけ影響を受けたか。ここから先、黒が私の一番のお気に入りになったのは言うまでもありません。

　思い出すだけでもドキドキする。ぜひ観てみてくださいな。

The Magic of Knit

ニットの魔法

になると、なにかと頼りになるニット。コーデの主役にも脇役にもなってくれる、万能のアイテムよね。ニットはニットでも、実は編み目の細かさや毛質によって印象が少し変わるのです。

（1）　カジュアルに見せてくれるローゲージニット

編み目が粗い、または太い糸でざっくりと編んだニットが「ローゲージニット」。ローゲージニットは糸の形が立体的に見えることで、ニットの生地感や編み目の美しさが存分に味わえる。

体のラインを拾いにくいものが多く、ほっこりとしたスタイルやカジュアルスタイルがお好きな方にオススメ。

（2）　品よく見せてくれるハイゲージニット

反対に編み目の細かい、細い糸を使ったニットが「ハイゲージニット」。細かい編み目のおかげで、スムーズな表面でニット特有のなめらかさを表現してくれます。質の良い糸であればあるほど、高級感のある美しさに。

クラシックなスタイルやコンサバスタイルが好きな方はこのハイゲージニットがオススメ。

　実はきれいめスタイルも作りやすくて、いろんな着こなしが無限にできるニットスタイル。それでもカジュアルなイメージの方が強く、大人スタイルには難しいと考えてしまう人もいるかな。簡単に大人の着こなしにチェンジするには、ニット×ジーンズの考えを捨てること！　ジーンズは万能のアイテム、私も大好きです。でもね、カジュアルに見えやすいアイテムと合わせるとどうしてもラフさが目立ってしまう。もちろんカジュアルなスタイルを作りたかったらニット×ジーンズは最高。まるで海外セレブのような着こなしだって可能。でも、もしニットで大人っぽいスタイルを目指したいのであれば、ジーンズは合わせないで。

　オススメはローゲージのニットにはスキニーパンツやタイトスカートなどを合わせ、ハイゲージのニットにはワイドパンツやふんわりとしたスカートを合わせる、ということ。つまり、ニットのボリュームと正反対のボトムスを選ぶのがコツ。すべてはバランス。

　ちょっと変化球な選択をするなら、「ニットポンチョ」。ローゲージとハイゲージの中間くらいを選べば、カジュアルにもクラシックにも着こなすことができます。寒い時にシャツの上にすっぽりかぶって、コート代わりに着るのもオススメ。ぜひ試してみて。

　次の冬は、どんな風にニットを着こなしたいですか？　カジュアル？　クラシック？　ニットを更新する前に一度イメージを固めて、色だけでなく編み方・糸の太さに注目してみるのもいいかも。

My Denim Style

大人のデニムスタイル

デ ニムってちょっとカジュアルすぎちゃって勇気がいる……と苦手意識の
ある方に、大人が素敵に見えるデニムスタイルの提案を。

（1） ジャケットに合わせる

大人デニムスタイルに欠かせないのがジャケット。ここでいうジャケットはいわゆ
るブレザーと呼ばれるもの。デニムとジャケットの合わせは最強で、まず間違い
がない。カジュアルにも見えるし、品良くも見えるベストカップル。どうしてもカ
ジュアルに見えてしまうのが苦手な人は、ぜひカチッとしたブレザージャケットを
合わせてみて。

（2） 潔く上下デニム

全身デニムというとぎょっとしてしまうかもしれないけど、これが案外おしゃれに決
まる。デニムシャツの裾をデニムパンツに入れて、シャツのボタンを少し開けてみ
る。それからさらっとトレンチコートなんて羽織ったら、もう完璧。個人的にも大
好きなコーディネートの一つ。
ワントーンコーディネートとほぼ変わらないから、シンプル好きな方にぜひチャレ
ンジしてもらいたい。褒められること間違いナシ。

（3） パールが命

デニムの親友はアクセサリー界にも存在するの。それはパール。上下デニムコーデとも相性抜群。パールの品の良さの力を借りて、気分はパリジェンヌみたい。ついでに言うと、パールのサイズは小さいものを選ぼう。細く、華奢なパールのネックレスは重ねづけもしやすい。私のアクセサリーボックスの中でも、この細いパールのネックレスはスタメン。

（4） **品良く見せるにはノーダメージ、ノーウォッシュ**

デニムの種類は無限大。私も「これだ！」と思う、理想のデニムを探すのに何年もかかった。まだまだビビっとくるデニムに出会ったことがない方は、ノーダメージ（加工がされていない）、ノーウォッシュ（洗いをかけていない）がオススメ。いちばん大人顔に見せてくれるし、あなたのライフスタイルとともにデニムも一緒に年を重ねて変化してくれるから。

（5） **太めデニムにはタイトなトップスにヒールで大人顔**

モードな印象を残す太めデニムは上級者向きではあるけど、着こなすととてつもなくかっこいい。

バランスが難しいけど、これだけ覚えておけば大丈夫。トップスはタイトに。足元はヒールを合わせて。デザインデニムも自信を持って楽しんで。

　　まだまだ語ったら永遠に続いてしまいそうなので、この辺でストップ！　いつもとはちょっと違う大人のデニムスタイルで、おしゃれの振り幅がもっと広がるはず。

The Revenge of The Sneakers

スニーカー克服大作戦

何を隠そう、私はスニーカーが大の苦手。どんなにシックなコーディネートを組んでも、一気にカジュアルダウンするスニーカーを選びきれないの。

でも息子と公園に行く時や旅行の際は必須アイテムよね。だからこそ考えた、スニーカーの克服方法を!

そのアイディアの源は大好きなダイアナ妃。命名「ダイアナ妃の休日大作戦」とでもしようかな。

ダイアナ妃はスニーカーを履く時に潔くスパッツをはく。しかも短めの。そして歩きやすそうなスニーカーに、大きめのフーディーを着て、サングラス。片手には品のあるバッグを抱えている。これがなんともかっこいい。

そうか、この方法だ! カジュアルダウンする時は思いっきりスポーティーにして、バッグとジュエリーをコンサバにすることでバランスが保てるんだ。

これこそ目から鱗。

そこからレギンスと短いスパッツの頻度が高くなった私。気分はお姫様の休日。気分だけでも妄想に浸らせてくれ♡

Uplift Socks

靴下で自分をアゲる

ーツの下の靴下、それは自分しか知らないワンダーランド。そんな時こそ趣味に突っ走ってみたらどうでしょう♡

　かっこいいコーディネートが大好きだけど、靴下が見えないコーディネートだなーと思う時は決まって、コリアンタウンで買える格安靴下を愛用している私♡時には左右ちがったり、イケメンの印刷されてる靴下をはいてそっとデート気分を味わったりwww　撮影で靴を脱がなきゃいけないシーンでは、ほっこりとその場が和み、笑いが生まれるなんて特典付き。

　見えないところにこそ気を遣おう、って言っている私だけど、時には自分の気分がアガるアイテムを身につけて小さなハッピーを感じようではないか♡
　お酒好きなカメラマンさんが、スタジオに入る時に靴を脱いだ瞬間、履いていた靴下がちらっと見えて。それがビール柄だった時に、一気に「好き！」ってなったw

　靴下って見えないところだからこそ気を遣わなきゃいけないけど、同時に見えないからこそ遊んでもいい。
　自分だけの秘密。それがバレても、きっと楽しい告白タイム♡

My Go-To Items

一生、推せる！ 私の偏愛アイテム

毎 シーズン目まぐるしく変わる流行。そんな中でも何年も変わらず、ずーっと使えて同じものを買い続けてしまうお気に入りアイテム。出会えてよかった！ そんな私の偏愛アイテムを今回はご紹介します。

（1） **Hanro のブラカップキャミ**

どんな洋服でも体の形をきれいに見せてくれる魔法のブラキャミ。これまでにベージュ、ブラック、ホワイトを何回買い換えたか数え切れない！ 撮影の時もモデルさんたちはほぼこのブラキャミを着用するくらいとにかくシルエットがきれい。胸の形もお腹周りもスッキリ見せてくれるし、透けてるトップスの下に着ていてもいやらしくない、洋服見えするキャミソール。着心地も良く、着ているのを忘れてしまうくらいなの。一度着たらもう虜。

（2） 無印良品のタートルネック

無印良品のニットタートルは毎年秋が始まると必ずチェックするアイテム。毎年着すぎてヨレヨレになってしまうので同じものを更新するという溺愛っぷり。お値段もお手ごろで、シルエットもきれい。何と言ってもニットなのに家で洗える！　白、黒、ベージュのＭサイズを揃えていると安心する。

（3） ロロ・ピアーナのサマーシューズ

こちら値段はお高めだけど、一生モノのシューズ。買おうか買わないか悩んでいるあなた、最高の一生モノシューズを記念日にぜひ！　ロロ・ピアーナの最高級カシミアのサマーシューズは足を入れた途端に値段に納得すること間違いナシ。とにかく軽くて裸足で履くと気持ちよい、そしてシンプルでどんなお洋服も格上げして見せてくれるクラシックシューズ。ホワイトソールなので涼しげ。

私のお気に入りポイントとしては運転がしやすいところ。柔らかい素材なので運転している方には特にオススメ。あまりにも気に入りすぎて、もうすでに色違いで３足揃えてます。

（4） エルメスのオラン

夏の鉄板エルメスのサンダル、オラン。エルメスデビューにぴったりのサンダル。バラエティー豊かな色と素材が揃っていて、革なので履き続けると自分の足にぴったり寄り添ってくれるような感覚に陥るサンダル。サッと履けるのにおしゃれに見える＆コーディネートを邪魔しないところがお気に入り。シンプルな中にも品があるサンダルなので、ビーサン派のみなさんにぜひチャレンジしてもらいたい。今年１足買ったら、きっと来年にはもう１足欲しいと言うはず！

（5） The Row のジャージースキニーパンツ

はい、もうこれがないと生きていけません。使いすぎて3代目。かれこれ5年く
らいよく使うスキニーNo.1です。黒のスキニーはおめかしして出かける時や、ス
ポーティーなコーディネートの時などどんな時でも使える優秀な子。
中でもThe Rowのジャージースキニーは生地がちょうどいい厚さで体の形を拾
わない。膝も出ない。苦しくない。まるでスキューバダイビングのウェットスーツ
のように体にピタッとしているのに、はいていることを忘れてしまうレベル。見た
目もスポーティーすぎないほどよい高級感できっとヘビロテアイテムになること間
違いナシ。

（6） ロンハーマンのアメスリタンクトップ

タンクトップ好きの私は、きれいなタンクトップに出会うまでかなり時間がかかりま
した。でもやっと見つけた！　ロンハーマンのアメスリタンク。こちら人気アイテ
ムでほぼ通年ロンハーマンで売っています。
カットライン、生地、フィット感すべてがパーフェクト！　夏のコーデはほぼこのタ
ンクを着ていると言っても過言ではないほど。もはや制服。太いパンツ、スウェッ
ト、ショートパンツなんでもハマるこのタンクトップは1枚あるとかなり便利。

　これを着ていれば安心、そんなアイテムがあるだけでなんだか心強いよね。
みなさんのコーディネートのヒントになれば幸いです★

What's Wrong with Wearing It AGAIN?

同じコーデだっていいじゃん、好きなんだもん

大事な日こそお気に入りのお洋服を着たい。でも、自分に問う。「待てよ……こないだもこれ着てたぞ。あの時にいた人が今日もいるから違う服の方がいいかな……」。お気に入りの服が更新されるたびに悩みがちなコレ。

はい、考えすぎです。何度も着ちゃえばいい！だってお気に入りなんだもん。誰も同じものを着ているとは思わないし、思われたとしても「これお気に入りなんだよねー」の一言で済む話。

コーディネートが自分にハマったと思うものがあれば、飽きるまで着てあげよう。洋服もきっと嬉しいよ。私はファッション業界に身を置いているけど、何度も何度も同じコーディネートを着ている方なんてたくさんいる。決して恥ずかしいことではないし、むしろそんなにヘビロテするってことはどんなにいい服なんだろう……って欲しくなってしまうほど。

すべては自信。服を身に纏った時に感じる自分の自信エネルギーが何よりも大事。だからこそ、丁寧にお手入れして何度だって着てあげてくださいな。

Don't Be Swayed by Your Partner

好きな人の好みにファッションを
寄せたら痛い目みた話

神　山まりあの黒歴史。好きな人の好みが私の好み。好きな人にもっと好きになってもらいたいから寄せちゃう。あると思います。すーんごく理解できます。だって私もそうだったから。

　むかーしむかし、ちょっとお堅めの方とご縁があった時、お相手はオフショルダー嫌い、髪の毛はボブ、スカート丈は膝、色白でなるべく控えめな格好を好む方でねえ。その時の私はほぼ金髪くらいのアッシュ茶髪で、スーパーロングヘア。

　暑いと思えばタンクトップにショーパンはいて、ドレスアップする時はオフショルダー一択。それが自分に似合うって思っていたし、好みだった。

　でもファッションを愛するよりも、そのお相手に釣り合うような女性にならなきゃって思ったんだと思う。髪の毛は黒髪ボブにして、オフショルダーを封印して、コンサバな洋服を探し求めた。洋服を変えたら性格まで変わっちゃって、随分と自分を押し殺すようになってしまったのです。しかもそれが苦じゃないって感じてた。むしろ快感？

その当時、友達からは大ブーイング。まりあはこんな子じゃない、とか。なんか変だよ？ とか。私は良いと思ってるのに、なんでこんなこと大好きな友達に言われなきゃいけないんだろうと一人で怒ってさ。誰も理解してくれないけど、好きな人がかわいいって言ってくれたらそれでいいやって思っていたの。

でもどうやら本当に無理していたみたい。
　時間が経って、その方とお別れすることになった時、友達と奮発して傷心旅行に出たのよね。行き先はブラジル。地球の反対側に行っちゃうところが私らしいし、ついてきてくれた友達にもだいぶ感謝。

吹っ切れたように水着で歩き回り、オフショルのワンピを買って、真っ黒に日焼けして、心の底から大笑いした。その時に、あ、これが私だった、ってふと我に返ったの。相手が好きなあまり、自分を見失っていた、と。周りの友達が言ってた、まりあ変だよってこういうことだったんだって。本当の私じゃないよってことだったんだ。
　そこから自分を見つめ直して、ファッションのリハビリ開始。あの失敗？ を経たからこそ、今自分がどんなファッションが好きで、何をしている時が一番幸せかがわかる。だから感謝している失敗。

好きな人に合わせるのはいいけれども、自分を失ってはいけない。そうすると心が空っぽになってしまうから。それは好きって気持ちでは埋められない心の隙間だよ。

それ以来、自分をそのまんま好きって言ってくれる人と一生を共にしようって決めたんだ。

Coco Chanel Rules

ココ・シャネルの３つの言葉は
おしゃれのお守り

憧れの女性のひとり、ココ・シャネル。彼女がデザインする服はもちろんのこと、考え方さえ美しい。彼女が残した言葉はスッと腑に落ちて、美しくなるためのヒントがたくさん詰まっている。

「家を出る前に鏡を見て、身につけているアクセサリーを一つ外して」

気合いを入れたくなる日、ついつい頑張ってしまいがち。あれもこれも、って考えるとtoo muchになっているかも。クローゼットの鏡で見る自分と、玄関で靴を履いた時に見える自分は別人。だって靴は大事なインパクトの鍵を握っているのだもの。だからこそ、靴を履いたらアクセサリーを一つ外すくらいの気持ちでいるべきなんです。その指輪、本当にどっちもいりますか？　ピアスとネックレス、両方つけていく？　一度冷静になってもう一度自分を見つめてみて。この５秒間が大事。頑張りすぎたら、せっかくのおしゃれが台無し！

「流行は変化していくもの。だけどスタイルは永遠」

ファッションが好きな人は流行が気になる。私も流行ものはすぐチェックする派。でもね、いつでも流行を追っていたら自分色がなくなっちゃうと思うんです。変わ

122 X 123

らない「好き」を持ち続けること。どんな時もそれを頭の片隅に置いておくといい
かもしれないね。

例えば私はトレンドの柄や形を取り入れる時も、モードな洋服に挑戦する時も、
3色までしか使わないという好きなルールを守るようにしている。

自分の好きなスタイルに、流行のスパイスを入れて、隣のあの子と一緒のファッ
ションではなくて「自分色」のファッションになる。それが"おしゃれ"と言われるよ
うになるコツなのかも。

「20歳の顔は自然からの贈り物、30歳の顔はあなたの人生。でも50歳の顔はあなたの功績よ」

30歳を越えてから、若い時の自分とは違う部分が気になる。笑いジワ、ほうれ
い線、目の下のクマ。もうそれは変えようがないもの、でも気になる。そんな時に
このココ・シャネルの言葉に出会ったの。

30歳はあなたの人生。そうか、私はたくさん笑ったからほうれい線と笑いジワが
あるのか！　子供を産んで、子育てをして、仕事もさせてもらっているからクマ
があるのか！　自分の人生に気づいた瞬間に、自分自身を誇りに思うと同時に
今の顔が急に愛おしく感じた。

50歳の時、功績として残る自分の顔が美しくあるように、精一杯生きなければ。
そして幸せに過ごそう、そんなことを思わせてくれたのです。

　ココ・シャネルの言葉には優雅さと重みがあって、でも親近感がある。彼女
のような素晴らしい女性には全く及ばないけど、でも、残してくれた言葉を唱え
るだけで美しくなれる気がする。

　今一度、心の中でこの魔法の言葉を唱えてみて。そして胸を張って、素敵
な場所に行きましょう、ね！

CHAPTER. 2

BEAUT

Hairstyle Sets
The Look

女は髪で生まれ変わる

私の髪の毛は剛毛。んでもって、量は多め。湿気の多い日には入道雲のように広がり、カラッとした日は乾燥してパッサパサ。髪の毛をツヤツヤに見せるためには、入念なブローが必要不可欠なんです。

出産を機に一度は髪を短くしたものの、仕事柄髪の毛を伸ばすことになった私。でもあまりの扱いづらさと、気分を一新したくてショートカットにすることを決意。

髪の毛の扱いづらさもあったけど、もう一つの理由はガーリーな洋服を少しカッコよく着たかったから。髪の毛がふわふわな女の子が、かわいい服着て似合うのは当然。ショートの女性がふわふわの洋服を着て、今っぽい着こなしができる方が憧れる！ それでいて女性らしかったら素敵じゃないか！

と、いうことで気分はショートカット一直線。切る当日まで、ワクワクが止まらなかった私。でも、同時に商売道具の髪の毛を切ることは緊張でもありました。ほんの少し変わった自分になりたい。もっと素敵に洋服を着こなしたい。

ヘアカットはTWIGGY.の松浦美穂さんに担当していただきました。髪の毛の色も地毛に戻し、心機一転。躊躇なく髪の毛をバッサバッサ切られてキャーキャー騒ぐ私に、慣れてる様子で微笑む美穂さん。安心感ハンパない。結果、とってもおしゃれヘアスタイルに生まれ変わりました。春のふわっとした洋服にも、パリッとしたスーツにも、ショートって実はバランスがいい。そして一番嬉しかったのが、ピアス選びが楽しくなったこと。耳元が見えるようになったので、少し大きめなピアスで遊べるように♡

ファッションの幅が広がったのが嬉しくて、いつも引っ詰め髪だった過去は忘れて、自分でブローまでしちゃうくらい大切に大切にショートヘアを扱う。外に出るのも鏡を見るのも、なんだか恥ずかしくてワクワクする。私、生まれ変わった気分です。
　みなさんがもし、何かを変えたかったら、ヘアスタイルを思い切って変えてみるというのはいかがでしょうか。

Good-bye to Ugly Lips

さよなら、唇ブスな私

あ る日、メイクさんに言われた一言。

「まりあ、唇ブスよ」

　なんて失礼な！ と思いながら鏡を見てみると、つけてもらったリップが、まー見事に全部ヨレヨレ。カッサカサな唇にはもはや潤いはなく、皮がべろんべろんに剝けている。「最近乾燥でいつもカサカサしちゃうんですよね」。諦め半分で言い訳すると、メイクさんは呆れた顔をして言った。「あなた毎日スクラブしてないでしょう。だからよ」

　スクラブ……？　毎日唇をスクラブ??　そんなこと生まれてこのかた一度もやったことがない。顔のピーリングやケアは定期的にしていて、だいぶ気にしている。でも唇はリップクリームを乾燥するたびに重ねて、それ以上のケアまで考え

が及ばなかった。その30年以上の積み重ねで、どうやら私の唇には角質が相当たまっているらしい。リップを塗るたびに剥がれていく唇の皮は、角質の集合体だったなんて恥ずかしすぎる。

こりゃあ、唇ブスだ。リップを重ねることに気を取られすぎて、根本のケアがなっていない。乾燥が原因と思い込んでいた自分が恥ずかしい。ここから私の唇ケアに火がついた。

買うべきものは、肌に優しいリップスクラブ（毎日使えるもの）、唇の美容液、リップナイトクリームの3つ。メイクさんに教えて貰ったものをすべて購入。早速お風呂に入った後、唇が柔らかい状態であることを確認してからスクラブだ。剥ける、剥ける。優しく擦っただけで、気持ちいいほど汚れが取れる。この角質は一体何年前のものだろう、想像しただけで恐ろしい。あまり剥きすぎても刺激になってしまうので、ゴシゴシしたい自分を抑えてふき取る。

そして唇専用の美容液。これだけで、今まで血色の悪かった唇がほのかにピンク色になっているではないか。最後にリップナイトクリームで完成。今まで感じていた寝起きのカサカサ唇とはおさらばだ。次の日、自分の唇の柔らかさに驚いた。毎日続けるにつれ、リップクリームさえいらない潤いを保つことができるようになった。

きちんとケアしている唇に色を塗った瞬間、リップが驚くほどスムーズに塗れてヨレもない。そして発色の良さと弾力に驚くことだろう。

さあみなさん。嘘だと思って、1週間試してほしい！

美 人眉の揺るがない決まりは一つ。生まれ持った眉毛の形を生かすこと。間違っても、眉山・眉頭をいじりすぎないで。「もともと私に一番似合う眉毛を神様がつけてくれて生まれたのだー」と信じちゃってもいいくらい。

　高校生の頃は細眉に憧れて極細眉だった私も、今や8年くらい眉毛をカットしていない。もちろん余分な産毛はカットするけど、それも慎重に慎重に、自分の眉毛の形を変えることのないようにしている。
　"眉毛は自然が一番美しい"そんなことを前提に、私なりの美人眉の作り方をご紹介します♡

（1）　美人眉は眉尻で決まる

　まるでゴールを決めるかのように、眉ペンで眉尻を描いてください。もはや眉ペンの出番はここまで。それ以上描いちゃうと眉の印象が強くなっちゃう。

（2）　足りない部分は眉パウダー

　ペンよりも自然に見せられるのが眉パウダー。パウダーを筆につけて眉にのせれば、いかにも「描きました！」とならない眉にしてくれます。ここで重要なのは、必要最低限で抑えること。パウダーを濃くのせすぎると不自然。もともと美しい眉毛をみんな持っているのだから、ほんの少し手を加えるだけで十分なのよ！

(3) 眉毛の存在感を出したかったら最後にマスカラを

自然な眉毛が美しい人は毛流れが美しいのも特徴。そこで登場するのが、そう、まつげ用のマスカラ。眉専用のマスカラもあるけれど、まつげ用のマスカラの方がほどよくインパクトを出せます。

眉ペンシルに合わせて、色を選ぶ。私は黒の眉マスカラでちょっと眉濃いめ風に仕上げるのが好き。眉頭から、眉尻にかけてそっとそっと毛流れを整える感じで一度か二度、撫でてあげる。これで完成！　(2)の眉パウダーだけでも十分だけど、「もう少し眉毛にインパクトが欲しい」「太眉が好き」という人は、仕上げのマスカラがオススメです。

　美人眉。それは今持っている眉毛を生かすこと。ぜひお試しください！

「美人眉の作り方」動画でチェック →

Eyeliner Tips
美人見えアイラインの描き方

みなさん、アイライン描いてます？　好みもあると思いますが、加えるとパッと目が開く魔法のtip。顔も締まるし、いいことずくめなんです。

でも同時に失敗もしがち。濃いメイクになってしまうんじゃないか……と心配にもなるよね。大丈夫。これからお伝えするアイラインの描き方をマスターすれば、ナチュラルだけど美しいアイメイクが出来上がります★

　アイラインにはアウトラインとインラインの2種類があります。まつげのキワに描くのがアウトライン、白い粘膜部分に描くのがインライン。みなさんはどちらに描いているかな？　両方の方もいるかも。

　美しく、かつナチュラルに見えるのは圧倒的にインライン。慣れるまで描くのが難しいかもしれないけども、コツをおさえれば本当に簡単。描くのがちょっと怖い？　わかります。恐怖心を感じる方は、ソフトなペンシルタイプがオススメ。リキッドは乾かないうちに目を閉じると目の中に入ってしまうこともあるからね。優しいペンシルで、まつげの下の白い粘膜部分を塗ってください。

　描く場所によってお顔のイメージが変わる。それが面白いところ。

A ナチュラルに見せたいのであれば、黒目の真ん中あたりから目尻にかけてインラインを引く。

B かわいらしく見せたいのであれば、全体に引いた後、黒目の上のあたりに少し太めのインラインを引く。

C セクシーに見せたいのであれば、黒目の端あたりから目尻にかけてインラインを引き、目尻に少しだけアウトラインを加える。

　今日のなりたい自分のイメージによってアイラインの描き方を変えてみてくださいな。少し前は漆黒のアイライナーがセクシーとされていたけど、今それは浮きがち。オススメはニュートラルなカラー（チャコールブラウン・グレー・カーキ）をインラインとして使うこと。これだけで目元が優しいイメージになるから不思議。

　もう少しこだわりたい方はぜひ黒目の色に合わせてみて。私の場合、瞳が茶色なのでその色に合わせたインラインを愛用中。目に統一感が生まれ、「ナチュラル風メイク」に結びつく。

　これだけは避けたい、NGアイラインもおさえておきたいところ。

　一つ目は、あまりにも濃い色をのせすぎないこと。先ほども言ったように、浮くの。違和感があるの。描いた感があるの！　ドレスアップしている日にメイクしてます感を出したかったらいいかもだけどね。

　そして二つ目。これ大事。アウトラインだけを引く時は必ずまつげの間を埋めて！　隙間を埋めないと、正面を向いた時に眼球とアイラインの間に溝が生まれて、白い線みたいに見えてしまうの。せっかくアイラインを引いたのに目とアイラインの間に線があったら、目をはっきりくっきり見せるというアイラインの効能が半減どころかマイナス。ここだけは注意してほしいところ。

　でも、まつげの隙間を埋めるのは難易度が高い。だからインラインがオススメ。

　ポイントをおさえて、アイライナーでナチュラル美人顔を目指しちゃお〜！

Follow Your Eyes

目の色はあなたの色

瞳の色をじっと鏡で見つめてみて。すると、少しだけ茶色がかっていたり、黄色味を帯びていたり、はたまた、ピュアなブラックだったり。

　そう、それが、あなたの色。

　欧米人でグリーンアイの方がグリーンのセーターを着ていると、とても素敵に見えるよね。瞳の色を、髪の毛や洋服の色に反映させるとものすごくまとまり感が出てくるの。髪の毛の色を何色にしたらいいかわからなくなった時や、コートなど大きな買い物をしたい時に何色にするか迷っているようであれば、鏡で自分を見つめてみて。瞳の色にぴったり合う色は、あなたにしっくりとくるはず。
　かといって、それ以外着てはいけないということは全くなく。私も瞳の色は茶色だけど、ブラックが好き。自分には茶色が似合うとわかっていても、なんとなく好きなブラックばかり揃えてしまってる。

　でもね、自分に合う色は茶色なんだってわかっているだけで安心感が違う。茶色の瞳に合うのは、ブラウンアイシャドーやカーキのアイライナー、モスグリーンのお洋服、アッシュがかった髪色。いつかブラックに飽きた時に、自分がもっと輝くようにこんなファッション計画も立てることができる。
　瞳の色を知ることで、さらに自分のファッションに自信が持てるようになるね。

お気に入りのメイク用品、大事に大事に使っていますよね。わかる、それが限定品だったりするとスペアも無いしさ。買いに行くのも面倒だし、ため買いして何年も使い続けてる方もいるかな？

でも知っている？　化粧品にも消費期限があることを。

化粧品のパッケージをよーく見ると、期限が書いてあるの。そしてこれは「未開封の場合の消費期限」であって、開封後であればこの消費期限は関係なし。粉物はできれば開封してから3ヶ月、クッションファンデはできれば1ヶ月で使い切りたいもの。

特にクッションファンデはパフを使うたびに洗わないと、寿命がどんどん短くなってきてしまうのよ。目に見えない菌が増殖して、せっかく美肌に見せるために購入したのに、バイキンで肌荒れしてしまう、なんてことも。肌に直接つけるものだからこそ、清潔に保つことが大切。だから今一度、消費期限チェックとパフやチップのお手入れをしようね。

そして案外気づかない落とし穴が、顔パック。韓国旅行でパックを大量に買ったことがある方！　使う前にもう一度消費期限チェックを。安売りしていた場合は特に消費期限ギリギリのものを集めて売っていることもあるの。

以前、安く買ったお気に入りのパックを久しぶりに使ってみたら翌朝肌が大荒れして。なんでーと嘆いていたら、そのパックの期限が半年過ぎていたということが……。十分にチェックして購入、利用することをオススメします。

意外と見落としがち、でも見落とすと大変な消費期限……。

Skincare After 30

30歳から始める肌活

忘れもしない30歳の冬。肌に年齢を感じた瞬間です。日焼け大好き。肌は自然体が一番だと信じていて、ろくに化粧水もつけず、メイクもちゃんと落としていない20代。それでも若さのおかげか、肌の大きなトラブルに悩むことはあまりありませんでした。ウォータープルーフのマスカラをつけていても、なんとかこすって石鹸で落とそうとする。なんなら爪で引っ張ってマスカラを落とそうとしたことだってある。今考えると鳥肌が立つくらい恐ろしく肌に無頓着でした。

　30歳になった年の12月のこと。今まで絶好調だったはずの肌がなんだか調子が悪い。同じところに何度も繰り返しニキビができたり、毛穴が赤くなったり、お化粧ノリが悪かったり黒ずんだり。もうニキビと言うことはできないか、そう、吹き出物に毎日悩まされていました。
　仕事の時はメイクさんがコンシーラーで吹き出物を一生懸命消してくれている。その様子を見て申し訳なさと切なさに襲われるんです。そして心に決めました。私、肌活をする、と!!!!　部活でも朝活でもなんでもない、肌活。30年間ともに育ってきた肌を根こそぎきれいにしてあげるのが、ここから先もずっと一緒に付き合っていく上での礼儀であるに違いない!　お肌の曲がり角を感じたら、そこがポイント地点。肌活開始の合図です。

まずは洗顔。メイク落としで、すべてのメイクを毎晩必ず落とすことはもちろん、自分に合ったピーリング剤が入っている石鹸で週に2回泡パックをします。ピーリングをこまめにすることで、肌についた汚れや角質が取れて、質感がもっちり、そして吹き出物ができにくい肌へと早変わり！　私が全力でオススメするのはスキンピールバーのブラック（ハイドロキノール）。

次に化粧水・美容液・クリーム選び。世の中に溢れている情報の中から、たった一つ自分に合ったものを探すってとても大変ですよね。まずは肌がきれいな友人、憧れの人に「何の化粧水使ってる？」と聞いてみましょう。それが一番リアルで、いいのよ。私も韓国に旅行するたびに肌のきれいな人を見つけては、「化粧水何使ってるの？」と身振り手振りで聞いています。案外、喜んで教えてくれるんです。肌を褒められるって嬉しいものね。私がみなさんにオススメする化粧水ラインはエンビロン、SK-IIかな。

情報を仕入れて、そして試供品を使ってみて、アレルギー反応が出なそうだったら早速使用開始‼️　ここで大事なことは、1ヶ月間毎日試してみること。肌のターンオーバーは約1ヶ月。1ヶ月後に自分の努力の結果がわかるのです。毎日欠かさずお風呂の後と朝のメイク前に肌ケア。すると、1ヶ月後には見違えるほど美しい肌になることでしょう。

スキンケアの楽しいところは、ケアをした分だけ結果が返ってくること。美しい肌を見ると美意識も高まり、メイクもお洋服選びもより楽しくなるに違いない！1ヶ月の頑張りで、結果が自分の求めるものだったら、そのまま肌をいたわり続けてください。

ずぼらな私がどんどん肌活にハマっていき、今ではスキンケアマニアに。あの時決意してよかったと、今本当に思います。30歳を過ぎたら肌活。それはどんなお化粧品を購入するよりも、自分への良い投資なのかも。

Annual *Skin* Clinic

１年に１回は美容皮膚科へ

さて、本当は気になるけど勇気が出ない美容皮膚科の話。結論、言わせていただきます。気になるならすぐに行ってみるべし！

　もちろんメニューと病院は吟味すべきだけど、特にレーザーは効果がわかりやすい。私は定期的に美容皮膚科に通い、決まったメニューを施術してもらっています。それは「ジェネシス」と「マッサージピーリング」。これが私的ベスト。

　肌に合った基礎化粧品を探すことも大事だし、毎日のお手入れも忘れずに行っています。でも、やっぱりプロの力を定期的に借りることによって見違えるように肌が生き返る。自分でケアするには限界があるよね。

　ジェネシスは肌のキメを細かくする負担の少ない優しいレーザー。痛みはほとんどなく、ちょっとあったかいって感じ。

　マッサージピーリングは肌をマッサージしながら汚れた角質を取ってくれるもの。日焼けしてるみたいにヒリヒリすることもあるけど、ほんの一瞬。ピーリングをした後の肌は何度も触りたくなるほどツルッツル。

　どちらも施術時間は短いけど、まるで高級化粧品を1ヶ月使い続けたような肌のツヤときめ細かさが瞬時に現れます（個人の感想です！）。髪の毛のトリートメントはするのに、肌のトリートメントはしないの？　それは毎日メイクをのせて、見えないホコリをあびまくってるお顔に失礼よ。

　美容皮膚科のドアを叩くのは勇気がいるかもしれないけど、一度体験してみたらその変化に驚くこと間違いナシ。

　肌がきれいだと気分も上がる。お値段はかわいくないけどね。だから1年に1回でもいい、奮発して皮膚科で顔のクリーニングをしてみてくださいな。

　ちなみにだけど、結果に個人差はあります。信頼できる美容皮膚科で診察をしていただき、自分にベストな肌メンテナンスの方法を探してみてね。

　髪や身体を愛でるように、自分の肌を愛して世話してあげて♡

Peek-A-Boo!!
I See You!!

その毛、見えてますよ

　おしゃれした日、今日も上から下まで完璧。下着にだって気を遣って、新しいアクセサリーまでつけてきた。ほら、見て、この新しい指輪。最近、流行りの華奢なゴールドの指輪を重ねづけしてみたの……。

　美しい指輪の間から見える、チロチロした毛。その名も、「指毛」。細くて小さくて見えていないと思うでしょ？　あなたの指毛、案外見えてます。どんなに美しく着飾ったとしても、その数本の毛が印象を決めてしまう。見落としがちなケア、それが実は大きな落とし穴だったりするんです。

　そしてもう一箇所。「背中の毛」。こればっかりは自分で見えない。でも、背中の開いたTシャツを着て

いる時や、結婚式や同窓会でドレスになった時に実は男性陣が見ているのがこの、背中。女性らしいうなじのラインは、つい見入ってしまうよう。背中が美しい女性は、下着に気を遣っている女性と一緒。見えないところでも大切にケアされていることがふとした瞬間にわかると、より清潔感が感じられ、好感も湧く。

最近では産毛ケアや脱毛のメニューなど、背中を対象にしたサービスが増えてきたけど、シャワーの際に背中をきちんと鏡越しに見るなどして、まずは自分を「知る」ことが大事。

そして最後に、「口周りの産毛」。美しいリップを塗っても、口周りのフサフサが気になっちゃう。知ってますか？ 顔の産毛を脱毛すると、見違えるようにお肌がツルツルになることを。ファンデーションのノリだって良くなっちゃう。最近ではモデルさんの間でも流行っているこのケア。肌のくすみや、ツヤのなさなどに悩みを持っている方、そして自分での産毛のケアが面倒な方にものすごくオススメ。

指毛、背中毛、顔の産毛、小さなケアではあるけれども実は見られていることが多いスポット。小さな努力の積み重ねは大きな自信を生むはず。

今からでも遅くない。まずは"毛"から自分とたくさん向き合ってみない？

Brushing Three Minutes
A Day Keeps
The Fat Away

1日3分でできる！ 歯ブラシダイエット

→ 年で一番ボディも心も緩みがちになるのがお正月。日常に戻ってもお腹のお肉はそのままお正月を引きずっていたりして。いーのいーの。

そんな時も必要。食べることって大切だし、たまにはゴロゴロしたいしネットフリックスだって見たい。一日中何にもせずに韓国ドラマを一気に見て、結果付いたお肉なんて最高のお土産じゃない？

でも半年もすれば夏がやってくる。ギリギリで焦らないためにも、今できることをゆったりやろうではないか。お餅のようなわがままボディを、半年かけてごゆるりとなくしていこう。

そう、その名も歯ブラシダイエット‼　歯ブラシしない人はいませんよね？w 朝と夜、または夜だけでも、1日に1回は歯ブラシしたいよね？　どんなに忙しくても歯ブラシはするよね？　そんな毎日の習慣になっている歯ブラシタイムをダイエットタイムにしちゃおうという超ずぼらダイエット法。

やり方は簡単。歯ブラシをスタートしたら、壁に背中をピタッとつけて立つ。以上。これだけなんです。でも猫背で立ってちゃ意味がない。後頭部、両肩、背中、お腹の後ろ、お尻、膝裏、かかと、すべてを壁につけるように努力してください。

ここでポイントなのはお腹。両肩をつけようと考えるあまり、反り腰になってしまうと意味がないの。お腹に入った息をフーッと吐くようにして、お腹の裏側を壁に近づける。ここで今度は肩が壁から離れないように注意してください。この体勢が本来のあなたのまっすぐ立っている状態。自分が普段どれだけ猫背になっているかがわかる。歯ブラシをしている間だけでもいいから、この体勢を体に覚えさせてね。すると、普段から自然にお腹に力が入るようになって、美しい姿勢で生活することができるの。

姿勢をきれいにするということはただ胸を張るだけじゃない。お腹を後ろに押し出すことで、横から見てもまっすぐな姿勢が出来上がる。その姿勢を保つということは、もちろんお腹に力が入る。うーん、一石二鳥。そう、お腹痩せダイエットにもなるんです！

毎日の習慣である歯ブラシタイムをほんの少しだけアップデートさせて、もっともっと美しく！

姿勢が良くなり、今まで見えなかったものが見えることで、あなたがもっとキラキラするはず☆

Décolleté Gram

デコルテこそ、最強のアクセサリー

デコルテ、それはどんなダイヤモンドのネックレスよりも魅力的。肩のラインと並行して浮き出る鎖骨はとてもセクシーだし、洋服もリッチに見える。洋服から見え隠れするその部分は自分の自信にさえなる。美しくなりたい女性は、デコルテをまず磨くべき、そう思います。もしダイエットを考えているなら、体重を落とす前にデコルテマッサージをして、と伝えたいくらい。

鎖骨の周りにリンパやコリやお肉がのっていると本来の美しいラインが見えなくなってしまう。なんてもったいない！ それじゃあ宝のもちぐされ！ 10億円のダイヤのネックレスをタンスの引き出しにしまったままにしているようなもの。今すぐホコリをかぶった鎖骨をピカピカに磨いて、周りにこびりついた老廃物を流しきって！

着物を着る時に、うなじが美しく見えるように髪を結い上げるのと同様に、前開きが多い洋服を着る時は、デコルテを美しく見せるように首元をケアすることが粋であるように感じます。

あなたの鎖骨、埋まってない？ 鏡で一度見てみて。首が短く見えるせいで、せっかくの魅力が半減しているかも。

家でもできる鎖骨ケアをシェアします！

（1） 鎖骨周りの筋肉をほぐす

ガチガチに固まった筋肉にデコルテが埋まっていたら、すぐに救出作業に取り掛かるべし！　湯船に浸かりながら首の筋を伸ばし、よくもんでリンパを流し、肩周りをリラックスした状態にしてあげてください。ほんの10分マッサージしただけでも、肩が下がり、首が長く見えるよ！

（2） 巻き肩に注意

スマホやPC作業が多いとついつい巻き肩になってしまいがち。ふと気づいた時に、肩をぐるっと外巻きに回してあげる。すると肩甲骨にも力が入り、きれいな背中を作ってくれるというオマケ付き。

それだけじゃないの。グッと胸が上がることでバストアップにも効果的。肩の位置を変えるだけで体がこんなにも喜んじゃうんです。

（3） 腕を動かす時は肩から

デコルテ周りのお肉をなくすには肩周りの運動が大事。コーヒーカップを取る時、着替える時、子供を抱っこする時、髪を洗う時、つり革をつかむ時、すべての腕の動作を「肩から」行ってください。

気づいた時だけでいいの。今この瞬間でも、腕が肩から生えているという意識を持つだけで、運動量が全く変わり、美しいデコルテのラインを作るトレーニングになっちゃいます。

　　デコルテを美しくしたら、顔周りが明るくなり、姿勢も良くなって自信がオーラに変わる。そう、どんなアクセサリーをつけるよりも、何よりも優先的にゲットしなければいけないのは「デコルテ」なのです。

　　さぁ、あなたも「デコルテ美人」デビューしましょう！

Rock Your Nails

自爪の美育成

爪にはその人の性格が出るっていうよね。身体の末端に気を遣える人になりたい、そう思う毎日です。

丸い形に、二枚爪がコンプレックスだった昔。それを隠すように毎月ジェルネイルサロンに通い、削られ放題だった私の爪。見た目はきれいになったけど、やりすぎて風が吹くだけで薄い爪がひんやり痛くて滲みる。ジェルをつけてもらい固める機械に手を入れるだけで、ツーンと痛い。これはもはや私の爪に限界が来てる。そう思った時に、「自爪の矯正」を決意しました。

すらっとしたナチュラルで清潔な爪を目指して、ケアサロンを探すことに。そして出会ったのが、何年も通っているサロン「ロングルアージュ」。ここでは爪のケア、甘皮を整えることで形を少しずつ矯正し、手先が美しくなるように施してくれるの。初めて行った時は私の爪の状態に驚いていたスタッフのみなさんだったけど、毎月通い続けるごとに健康な爪がきれいな形で生えてくるようになり、今では自慢の手先に。

ジェルもいいけど、やっぱり自分の爪を健康に美しくしたい。指輪を買うよりも、よっぽど価値のある時間とお金の投資だと思うの。美しい健康な爪が生えるとマニキュアも楽しくなるし、何よりも爪の形がきれいになることで指が長く見える。

「きれいな指だね」そう言ってもらえることが、何よりも嬉しい。すべては自爪ケアのおかげだね。

気分転換にネイルを変えよう！　でも、どんな色にしたらいいんだろう？　正解不正解なんてないけども、季節ごとによりマッチするカラーはあるのよ♡

春：春のパステルカラーは最強！　暖色（イエロー味を帯びた色）と寒色（ブルー味を帯びた色）で全然雰囲気が変わってくるから、パーソナルカラーに合わせて選んでみてね。パステルイエローは手元も明るくパッと見えるのでオススメ。

夏：あっつい夏！　洋服の面積も減って、手元が目立つ夏のオススメは何と言ってもホワイト。なかでも、透け感やラメ感があるものではなく、マットなホワイト。インパクトもあり、品もある。そして夏服にとても合うんです。

秋：秋色にバッチリ合う、チャコールグレー。グレーとも、ブラウンとも取れる中間色でブラックコーデもブラウンコーデも邪魔しない、合わせるお洋服の幅が広ーい色。ニットなどボリュームのある洋服の場合は指先まで色が来るので、薄いチャコールグレーなどのヌーディーカラーでも大丈夫！

冬：この季節は赤が合う。それも血豆のようなすごく深い赤。私は血豆色と呼んでいるｗ　赤ほど派手にならないし、急に女っぽくなるの。たくさん洋服を着込む分、手先にはセクシーさをほんのり出したいじゃない？

　気分が上がるネイルで、季節を楽しみながら自分をアップデートしましょ。

Foot Care Essential

ガサガサかかと、見て見ぬふりしてない？

夏の直前。脱毛も完璧、肌もツヤツヤ、新しいサンダルは目星がついている。でも、見落としてませんか？　かかとケア。身体の後ろ側って自分ではなかなか見えない。でも、人からは意外と見られていて、そして人間性が垣間見える重要な部位なんです。

今ご自身のかかとを触ってみてガサガサな方。きっと日々の生活の中であなたのその秘密に気づいた周りの人は、気まずい顔をして"見て見ぬふり"をしたことでしょう。それって、剃り残しの脇毛を発見した時くらい気まずいこと。

自信は細部から宿ると信じて、かかとケアに力を入れてみない？

かかとケアにはいろんなグッズが揃っているけど、特にオススメしたいのは豚毛100%のボディブラシ。このブラシで身体を洗うと肌がツルッツルになるの。私も妹にオススメされてから、このブラシなしでは身体を洗った気になれないほど惚れ込んでいます。長い持ち手のものを選べば背中もきれいにブラッシングできるし、お尻や膝などの角質もまるでスクラブをしたかのようにツルツルになるんです。かかとケアはまず余分な角質を取ることが最優先。このボディブラシで身体の角質はもちろん、かかとのガサガサを作る汚れを根こそぎ落としちゃって！ まるで自分の肌じゃないみたいななめらかさとモチモチな感触に驚くでしょう♡

そしてお風呂から上がった後のボディクリームも忘れずに。こうしてボディブラシで汚れを取ったら、クリームで蓋をするのが一連の流れ。クリームを忘れると、乾燥したかかとはひび割れしちゃうこともあるので要注意。

身体を洗う時にほんの一手間加えると、見違えるように肌が元気になる。そして自信が湧いてくる。1日のうちの5分間だけ手間をかけて、美しさに磨きをかけよう。

ボディのツヤと柔らかさ、清潔感はファッションの一部だということを忘れずに★

誰でも一度は経験したことがあるはず。誰かとすれ違ったり、近くにいる時にポワッといい香りがすること。思わず、香りの持ち主を目で追ってしまう。その人の魅力はもちろん見た目もあるかもしれないけれど、香りも大事なの。

昔付き合っていた恋人の香水の香りを嗅ぐと、胸がツーンとするよね。いい思い出なのか、悪い思い出なのかわからないけど、でも一瞬にしてあの頃の記憶がフラッシュバックする。記憶と香りはお隣同士。

あなたの香りはなんですか？ 香水じゃなくてもいい、柔軟剤の香りでもいい。愛用のボディクリームだって、実は周りからしたら「あなたの香り」認定を受けているかもしれない。

強くない、ふわっと香る何かを今日から決めよう。香水なら足元にひと吹き、ボディクリームなら腕と脚に。すれ違った時に、押入れの香りや油の香りがしたら嫌じゃない？ 自分自身の香りを嗅ぐことができたら、周囲の人はその3倍の香りを感じるんだって。だからますます、美しい香りをまとっていたいもの。あなただけの香りを探してみてね。

ちなみに、私はあまり香水や洗剤をコロコロ変えるのを好まない。なぜなら、いつか、どこかの誰かに、

「あ、この香り、まりあを思い出すね」

って言われてみたいから♡

LIFE

CHAPTER. 3

STYLE

Home
Sweet
Home

Home Sweet Home

家に帰った時、ほっとする空間であってほしいよね。お友達が遊びに来た時におしゃれって言われたら、なおさら嬉しい。

ごちゃごちゃして見えてしまう部屋は、何をポイントにして変えたらいいんだろう。答えは3つ。

（1） 部屋のテーマ

モダン？　シック？　クラシック？　それともボヘミアン？　きっと好きなお部屋スタイルがあるはず。まずはテーマを考えてみよう。

我が家のテーマは「ミニマムモダン」。モダンな家具と極力シンプルな柄のない家具・小物を集めました。

テーマが決まると部屋の中の必要なものと不要なものが見えてくる。そしたらリサイクルショップに行ったり、人にお譲りしたり。そしてDIYしたりなんかしてアップデートしてあげて。

頭の中にテーマがあるだけで、部屋に統一感が生まれてくる。自分の大好きなものに囲まれる感覚って幸せじゃない？

（2） 色の統一感

インテリアのセンスに自信がある方は色をたくさんちりばめることもできるよね。でも、まだ不安な方はまず、インパクトの強い色のアイテムから整理してみましょう。テーマが決まっていればなんとなく色のイメージはできるはず。

我が家のメイン色は黒・白・グリーン。黒は写真のフレームやダイニングの椅子に、白は壁の色や飾りの食器・電気、グリーンは観葉植物やクッション。大きな家具の色をまず見てみてそこから考えていくのもありですね。

すべて同じメイン色でなければいけないわけでなく、間にグラデーションとなる中間色を入れることでさらに統一感が出る。例えば黒と白の世界にはギャップがあ

りすぎるので、中間色のグレーやベージュをクッションやソファに入れてみたり。中間色は濃い色をより引き立てるので、すごくいい仕事をしてくれるの。

（3） High & Low

素敵なお部屋にしようと思うと、高い家具が気になっちゃう。でもね、すべて高い家具にして家具貧乏になる必要は全くなし！ 高級家具を買うなら、部屋のメインアイテムだけで大丈夫。例えば、テーブル・ソファ・絵・照明。主人公がたくさんいると目がチカチカしちゃうし、お友達が遊びに来た時にドキドキしちゃうよね。

素敵なテーブルを購入したなら、シンプルで色の合う椅子をイケアで探す。ソファを奮発したなら、海外のサイトでおしゃれでロープライスなクッションカバーを探してみる。テーマと色さえ決まっていれば結構すんなり見つけられちゃうよ。

あとは観葉植物やお花さえあればお部屋がパッと明るくなって、まるで呼吸しているような部屋になるの。私にとって植物は家の中で最も大事な存在かもしれないな。

部屋ってとっても大事。自分が自分で居られる場所だから。

だからこそ、居心地の良い空間にするためには、お金も時間も少し投資してあげるべきところなんだと思う。

世界で一番好きな場所は自分の家、そう胸を張って言えるように大好きなもので空間を埋め尽くしてあげてください♡

DATE   Anyday, Anytime

SUBJECT   Dinner with your love ones

Endless Table Settings

テーブルコーディネートの
可能性は無限大

 フ ァッションと同じくらいインテリアも大好き！
そんな我が家のテーブルコーディネート術をシェアします★

STEP1 テーマを決める

どんなお料理？ シックな雰囲気？ それともカジュアルなランチの時間を過ご
したい？ それを決めるだけでもテーブルコーディネートは組みやすくなるよ。
韓国料理をテーマにした我が家でのディナーパーティーでは、好きな韓国俳優た
ちのグッズを購入してコーディネートしました。そう、遊び心も大切ね★

STEP2 テーブルクロスを選ぶ

すべてのテーマはテーブルクロスに反映されると思うの。例えばイタリアンなら黄
色。高級レストランみたいにしたいならホワイト。カジュアルな席にしたいなら柄
物。季節の色や柄だったら、なおさら素敵。
このテーブルクロスはファッションコーデのワンピースにあたるくらい目立つ大きな
スペース。ここが決まれば、あとはそれに合うお皿やカトラリーを集めるだけ。

STEP3　テーマに沿ったお皿を決める

テーマに合ったお皿を一人2枚セットで用意する。ディナープレートとデザートプレートの2種類が相性いい。この2枚を重ねてセットするだけで、急にプロっぽく見えちゃう。せっかく素敵にするならレストランみたいにしたいじゃない♡

一体何枚お皿を持っていればいいのー？　なんて気になっちゃうあなた。カジュアル仕様のお皿ときれいめな真っ白のお皿のセットを持っていれば案外なんでもいけちゃう。私もこの2種類のセットを使い分けているよ。

STEP4　ナプキンはテーブルクロスとの相性を大切に

お皿の上にセットするナプキン。ここで手を抜いてしまうとせっかくのテーブルコーディネートが水の泡。まるで洋服をコーディネートするみたいにテーブルクロスと色を合わせて、世界観を作ってあげて。

決まったらあとはナプキンをアイロンして三角形に折る。折り方はネットにたくさんのっているので、テーマに合った折り方を選ぶといいかも。

STEP5　カトラリーを揃える

カトラリーもウッド仕様などのカジュアルなものと、レストランで使われるようなシルバーのものの2種類があれば大丈夫。

STEP6　名前のカードは必須アイテム

いざお客様が来て席に座る時「どこに座ろう〜」なんて迷ってる姿、よく見かけますよね。これはご飯会のホストの気配りで解決するもの。お客様の名前をテーマに沿ったカードに書いたら、あとはどの席順がいいかを考えてセット。そうしたら迷うことなく席についてすぐに食事会が始められるからね。男女がいる時やご夫婦を呼ぶ時には席順の配慮も忘れずに。

STEP7　お花はマジック

テーブルセットが完成したらお花を飾りつける。小さな花瓶をいくつか置いたり、大きなお花を真ん中に置いたりするのがオススメ。

でもここは好みだから好きにやっちゃって♡　花瓶がない場合は小さなコップや瓶に一輪のお花を飾ったっていいんだから。

STEP8　仕上げはキャンドル

テーマに合った色のキャンドルをテーブルに飾る。2本くらいあるとバランスが取れていいかも。

お客様がいらっしゃる直前に火をつけたら、いつもよりも部屋のライトを少し暗くする。これはとても大事。我が家でもディナーの時は電球を二つ外したり、間接照明だけにしています。そうするとキャンドルの光がより美しく見えて、ロマンチックな雰囲気になるんです。忘れてはならないとっておきの魔法。

　以上が私流のテーブルコーディネートのテクニック。もちろん個人の好きにアレンジしちゃってください♡

　でも大切なのは来てくれるお客様を想って準備すること。何をしたら楽しんでもらえるか、どんなコーディネートにしたら喜んでもらえるか。その思いやりが隠し味になって、ご飯がより美味しく感じられて、素敵なパーティーになるんだって信じてます♡

Korean
Must-Visit Spots

大　好きな韓国のオススメをご紹介♡

・美容

　みなさんご存じ韓国は美容大国。コスメや基礎化粧品は渡韓するたびに新しい発見がある。

　最近行って思ったのは……サプリ系の美容が大流行中ということ。特にどのドラッグストアでも品薄となっていたのは、ドイツ生まれの濃縮ビタミン！　ミニサイズのビタミンドリンクで、持ち運びも便利なんだけど、濃縮ドリンクにビタミン錠剤が二つ付いていて一緒に飲むというのが最大の特徴。全く新感覚！　強烈に濃縮されたビタミンのため、1日1本しか飲むことができず、もしこのビタミンドリンクを飲んだ場合は、その日1日他のビタミンドリンクやサプリを飲んではいけないとか。注意書きを見るだけで強烈な予感。

　早速試した結果、とにかくエネルギーに溢れる。そして朝の目覚めがスッキリ

さっぱり！ これは流行るわ……と帰りがけに大量に買い足し。

　もちろんコスメも最新のものが溢れていますが、今韓国では特に体の中から肌をきれいにしたり、元気にしたりするグッズがたくさんありました。そういえば韓国は高麗人参が有名ですもんね。

・タクシー難民

　車社会の韓国。朝晩は特に大渋滞。もう頻繁に地図で所要時間を調べるのが必須。そうしないと大幅に時間を移動に費やすことになる！

　そしてタクシー……。これがまた本当につかまりにくい。現地ではアプリで頼むことが多いみたいだけど、夕方以降は依頼が集中するためつかまらない。アプリで配車を依頼する時は、韓国のクレジットカードしか登録できないことがあるので、現地精算に設定し直してね。

　混雑時はホテルの方にお願いするか、電車やバスで移動するかのチョイスはまだ残っているから諦めないで！

・韓国の夜

　韓国の夜は長い。どうしてそんなにエネルギッシュなの⁉ と思うくらいみんな夜も元気。私は21時には眠くなってしまうので、ついていくのがやっとの世界。夜23時以降でもオープンしているお店も多く、もはや朝まで開店してるんじゃないかと思うほど。

　若者が集まる流行の場所はコロコロ変わっている気がする。ここ最近、注目されているのは龍山（ヨンサン）という場所。おしゃれなお店やバーが立ち並ぶ道は見渡す限り「イケてる」の一言に尽きる。おしゃれピーポーが行き交い、これは街行く人々をファッションウォッチングするだけでも行く価値あり！ 夜のおしゃれなカフェに入ってごらん、もうそこは韓国ドラマの世界ですよ。

・レストラン事情

　コロナ禍もあり、たくさんのレストランがなくなってしまいました……。でも屋台は活気を取り戻し、少しずつ新しいお店もオープンして、デートを楽しむ人や観光客で溢れています。そんな韓国のソウルフードを楽しむのもいいですが、ここでオススメのレストランを少しご紹介。

（1）**陳玉華ハルメ元祖タッカンマリ**

タッカンマリの老舗。こんな美味しいタッカンマリ、食べたことない！

（2）**開花屋**

ポッサムの名店。柔らかい豚肉に手作りキムチを添えて食べるともう至福。

（3）**肉典食堂2号店**

韓国のみなさんも並んでいるサムギョプサル屋さん。ここの肉厚サムギョプサルを一度食べたら忘れられない。

（4）**ミルトースト**

せいろで出されるフワッフワのパン。特にコーンパンがオススメ。あまりに美味しくて2回頼んでしまったほど。

以上、韓国最新レポートでした☆
一言でまとめると、韓国最高‼!!!!

HAWAII

The Days In Paradise
Outfit : Almost the same
Makeup : None
Suntan : HELL YES

Hawaii After All

やっぱりハワイ!!

大好きな大好きな旅行。

やっぱり行きたいのは常夏の島、ハワイ。湿気知らずの爽やかな風と、照りつける太陽。陽気な人たちとお買い物、そしてボリュームたっぷりのアメリカンな食事……ハワイの魅力は一言では語りつくせないよ。しかしコロナ禍の影響もあり、お店は存続危機に直面し、やむなく閉店してしまったり、営業体制を変えたりしているところもちらほら。

そこで、ハワイ旅の計画を立てている方にハワイのまりあ的オススメレストラン情報をお伝えします★

まず、予約は忘れずに! 絶対行きたいと思うレストランには、旅行日程が決まり次第、電話またはインターネットでの予約をオススメします。人気店は滞在中に予約がいっぱい&行列なことも多いです。せっかく楽しみにしていたのに行けなかった……なんてことのないように!

しかし現地の店員さん、適当なことが多い……。電話で予約した場合は、直前に確認の電話も忘れずに。「I just want to confirm my reservation for ○○（予約日）」でOK。

(1) Storto's Deli and Sandwich

ハワイと言ったらここのサンドイッチ。個人的に世界で一番美味しいサンドイッチ

だと思っています♡　ハワイのロコが足繁く通うサンドイッチ屋さんとしても有名。昔はノースショアのワイメアにしか店舗がない小さな地元のサンドイッチ屋さんだったのですが、今はホノルルの繁華街近くのダウンタウンにも店舗がある！
ここはパンが本当に美味しい。甘いパンとドレッシングの相性が抜群！　そしてアメリカンフードばかりで野菜不足になっている体に新鮮で美味しい野菜が沁みる。でもメニューが複雑なのよね。すべてのメニューが地名や都市名、ビーチの名称なの。そしてチーズやドレッシングもすべて自分でカスタマイズして伝えなきゃいけない。ちょっと難しいので、簡単に頼めるように私がハワイ在住時代からオーダーしていたメニューをご紹介。

"Waimea（メニュー名）
All Veggies（野菜全部）
Mayo and Mustard（マヨネーズマスタード入り）
Thousand Island Dressing（サウザンアイランドドレッシング）
Cheddar Cheese（チェダーチーズ）"

注文がちょっと複雑だけど、これだけ言えば大丈夫。本当に美味しくてびっくりするのでぜひ食べてみて！

（2）**Romano's Macaroni Grill**

息子のお気に入りレストラン。小学生くらいまでのお子さんがいるなら絶対に楽しい！　このレストランはいいところがたくさんあるんです。まずは、アラモアナ・ショッピングセンターの中にあるのでお買い物帰りに行けること。疲れた後にまた移動して食事の場所を探して……との手間が省けますよね。お買い物前に予約だけ入れて、あとはその時間までアラモアナでショッピングを楽しむべ

し★　もちろんウォークインでも入れますが、少し待つかも。

そして一番のオススメポイント、テーブルに落書きができる！　ここでは巨大な画用紙がテーブルクロス代わりに敷いてあり、クレヨンも置いてあるんです。そう、お食事が来るまでテーブルに落書きし放題！　マルバツゲームをしてもいいし、似顔絵大会、絵しりとり、ハワイの思い出を家族で書いたり……。友達同士でも家族でも笑顔になること間違いナシのレストラン。子供がハワイのレストランで描く絵はいつもと違って自由。大きなご飯を描いたりと子供の想像力にアッと驚かされることも。ご飯はもちろん美味しい。お子様メニューもあるので、家族連れにはかなり嬉しい！　大人のメニューでオススメなのは"Stuffed Mushrooms"と"Alfredo Chicken Pasta"。どれも量がすごいので、残ったらお持ち帰りしてください。私はいつもお持ち帰りして、翌日の朝にまた頂く★　ハワイに住んでいた頃はよくお弁当に入れていましたw

（3）**Hale Vietnam**

ちょっとホノルルから離れてカイムキエリアへ。わざわざ車やタクシーで行ってもいいほど美味しいベトナム料理屋さん。前日飲みすぎちゃったな〜って日でも不思議と完食できる軽さと染み渡るお出汁。

ここでオススメなのは"Imperial Rolls"。揚げ春巻きです。サックサクのホッカホカ。付け合わせでお野菜が付いてくるので、包んで一緒に食べると美味しすぎで驚きます。大きな揚げ春巻きが6本出てくるのですが、ご心配なく、完食できます。Trust me.

そしてもう一つ"Pho"。ここのフォーはレアの薄いお肉がのっかっていて、スープの熱さでしゃぶしゃぶのように火が通っていくんです。柔らかいお肉とお出汁が絡んだフォーは五臓六腑にブワーッと広がる美味しさ。

年中無休のこのお店、いつ行っても変わらず同じ料理を出してくれるという安心

感からも好きなレストラン。ハワイに行くお友達に紹介したら、4日間の滞在中に2回も行ってしまったというツワモノもw

隣接しているジェラート屋さん"Via Gelato"も美味しいので、フォーを食べた後はジェラートでお腹も心も満たされてくださいね★

（4） Mariposa at Neiman Marcus

昼間ハワイで景色を見ながら美味しいお酒を素敵なレストランで……といったThe Hawaiiを楽しむならここ。

シャンパングラス越しに青い海と太陽を浴びながらファンシーな食事。これこそバカンスですね♡　メニューは行くたびに変わっているので、その時のオススメを聞くのが一番。一番好きなのは食事と共に出てくるPopoversというシュークリームのシューのようなパン。それをイチゴクリームバターで食べるのですが、お代わり必須のパンです。

一つ注意するとしたら、予約を必ずすること。ネット予約もできます。人気店のため、予約が取りづらいの。そして予約の際に"LANAI（テラス席）"を希望の旨を伝えてください。そうするとハワイの美しい景色を見ながらランチとお酒を楽しむことができますよ。

　まだまだ伝えたいレストランや隠れた遊びスポットはたくさんあるけど、今回はここまで★

　すべてのレストランに共通して言える注意点は、かなり冷房がきいていて寒いということ。私は必ずバッグの中にカーディガンかスカーフを入れていて、サッと羽織れるようにしています。この際、素敵なエルメスのスカーフをハワイの思い出に購入してヘビロテするのもアリかも♡

　パラダイス、ハワイ。やっぱり最高！

欲しいものは次から次へと出てくる。SNSにも素敵が溢れてる。財布の紐が緩みがちになってしまうよね。今月は何も買わない！ って決めた日に限って素敵な物に出会ってしまう、なんだこれは。

　クリスマス、誕生日、記念日。小さなプレゼントを用意して、大きいプレゼントはいつかにしようよ。
　今は、家族や子供の友達、仲間とたくさん経験をしよう。今しかできない、最高のプランニングをして、心の栄養をつけようよ♡

　物欲は、一度手に入ると満たされる。でも旅や経験の思い出は永遠に残る。子供の絵日記に書かれた旅行の思い出を見ると、本当に行ってよかったなあ～って感じる。

　欲しいものは自分でお金を貯めて、時間が経ってもいつか買うって決めてさ。今は、夫婦の時間とお金を使って、イチゴ狩りでも日帰り温泉でも、はたまた沖縄、海外旅行でもいい、経験に投資しよう。
　きっとその投資は、日々の幸せと思い出になって返ってくるね。嫌な思い出になっちゃったとしても、いつかのお酒のつまみになる。
　豊かな人生って、物に囲まれているわけじゃなくて、思い出に溢れている人生だと思うのよ。

　それが家族旅行じゃなくても一人旅行で物思いにふけったっていい。
　その時気づいた何かが、あなたの人生を大きく変えるかもしれない。

Building Relationships

人との関わり合い

小学生の頃の私は、目立ちたがり屋のくせに大の恥ずかしがり。知らない人に話しかけられると、涙が出て、震える。人前で発表する時は手に汗をかいて、頭の中が真っ白になってたな。中学からはだいぶ治まっていたけど、相変わらず緊張しい。自分の意見は言えず、でもみんなの意見をまとめて発表するのは得意。なんてったって根底は目立ちたがり屋だからね。

すべてを変えてくれたのはアメリカで働いたことだった。当時大学生だった私はビザを発給してもらって、ハワイの商業施設内のアパレルで働くことになった。海外と英語に憧れていたところから始まった勇気の第一歩。ハワイといえど、アメリカ。日本語を話すスタッフはもちろん一人もいない。インカムで指示を受け、慣れないヒアリングで仕事を覚えていくという辛く刺激的な日々。

そこが、人との関わり合いの概念を変えたターニングポイントだった。

正直最初はいじめられた〜。ビビって自分の主張がない無口な私はロッカーに入れておいたランチやパーカーを盗まれたり、私にわかるようにインカムで悪口を言われることも。具合が悪いから座っていいかと聞いたら、ラッキーと言われた時にはさすがに涙が出そうになった。悔しいけど何も言い返すことができない弱虫まりあ。

でもある時、マネージャーが自分のランチのタコスを半分分けながら言ってくれたんです。「手伝ってあげるから、ノルマ達成して見返してやんな。嘘でも自信があるように店中を歩いてごらん。日本人客の接客は今君にしかできないんだから」って。

優しい言葉と、タコスでやる気スイッチオン。まずはフロアーに立つスタッフからキャッシャーに昇格しなければノルマは達成できない。日本人客が来た時に慌てふためいているスタッフの姿を幾度となく見てきた。私はボスに言った。「日本人のお客様の時は私にキャッシャーをやらせてください」。ボスは私が初めて意見を言ったことに驚き、その日中にキャッシャー業務を教えてくれ、閉店後も特訓は続いた。

夜は同業の友達にお客さんからよく聞かれる質問や、ジョーク、アパレル業界用語を教えてもらいメモ。朝は毎回吐き気を催すくらい緊張したけど、それをぐっとこらえ自信を持って店を歩き回る。スタッフと目が合うと、最高の笑顔で「Good Morning!!!」

とおどけて、昨日覚えたジョークを飛ばす。すると、「Good Morning, Maria!!」から会話が始まる。緊張しすぎてどんな会話をしたのかなんて覚えてないよ。

　1ヶ月後、私はノルマを達成。そこから日本人客に限らずすべてのお客様のレジを担当させてもらえた。月間1位にもなれた。みんな実力主義、そして笑顔で接すると笑顔で会話をして仲良くなる。仕事後は飲みに行ったり、クラブに行ったり、パーティーしたり、やっとみんなが認めてくれたって嬉しかったのを覚えているよ。

　パーカーを盗んだ子とも今ではすっかり仲良し、悪口を言ってた子は私がハワイに行くたびに同窓会を開いてくれる。マネージャーは日本にまで会いに来てくれた。一つ一つの言動でここまで世界が変わると思わなかったけど、アメリカのわかりやすい例で、日本での生活にも自信が持てたの。

　根っからのシャイはどうにもならない。でも、演じることはできる。3年演じるとそれが自分の一部になる。すると強くなる。自分の意見をまっすぐ伝えられるようになる。相手の目を見て、笑顔で挨拶をする。一度演じてみると素直に受け入れられる自分がいる。3年間だけ、頑張ってみよう。

　人との接し方、すべては自分次第。

Show Your Your True Colors

ニキビは隠しても、欠点は隠さない

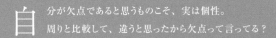

自 分が欠点であると思うものこそ、実は個性。
周りと比較して、違うと思ったから欠点って言ってる？

シリアスに感じる部分はカウンセラーさんに頼ってみるのも一案。
でも欠点、それって恥ずかしいことなのか？ 違うよ、恥ずかしくない。個性
だってば。

誰にでもある。人間完璧じゃないもん。私なんて欠点だらけで、しょっちゅう
失敗もしてる。案外小さな欠点ってたくさんあるよね。
ただ恥ずかしくはない。それを人とシェアすることで打ち解ける最大の武器に
だってなりえるんだから。
話し相手が欠点を大っぴらに話してくれた時、「この人私に心を開いてくれて
る」って思った経験はない？ それは嘘や建前の欠点ではない、本当に本人が
あちゃーって思っていること。ああ、この人も人間なんだって思えて、急に親近
感が湧く。
決して、人と仲良くなるために欠点をベラベラと話せって言っているわけでは
なくてね。あっけらかんと、欠点を話せるようなメンタルで自分のマイナス部分を
捉えていてほしいってことなの。恥ずかしいことではないし、隠すことでもない。
プライドを捨てられずに見栄を張り続けたら疲れちゃうよ。

ニキビは必死にコンシーラーで隠したい、けど、欠点を隠すコンシーラーは
売ってない。
じゃあ、どうするか。封印するか、外の空気に触れさせて自然治癒させるか
はあなたのチョイス。

About Marriage

夫婦について

我が家の夫婦関係は良好。もちろん喧嘩もするし、イライラすることなんて日常茶飯事。でもやっぱり根底には愛と尊敬と友情、そして子供を守る気持ちがあって、良きパートナーシップが続いていると思います。

結婚して9年目。まだまだ結婚生活ひよっこではあるけども、なんとなく大事なことが見えてきた気がする。

我が家の場合、それは「お互いがそれぞれ自立した人間であること」。

困った時に助け合うのはもちろん、でもとにかく個人の生活を尊重する。

お財布は、できるだけ別。ディナーに行って夫が払ってくれると、「ごちそうさま♡」って言葉が出てくる。生活・教育にかかるお金は分担制。

送り迎え、習い事は時間ができる方が対応する、でもご飯はみんなで食べる。毎週土曜日、夫はストレス発散友達とゴルフデー。お互い大事にしたい仕事があり、その時間は朝だろうが夜だろうができるだけ尊重する。

　家族との時間はプライスレスだし、毎晩一緒におやすみって言ってベッドで3人ゴロゴロするのは至福の時間。でもその家族時間を全力で楽しむためには、自分が没頭できる仕事・趣味の何か、そして自分のお金を少しでも蓄えておくだけで奥底にある心の安心度がだいぶ違うと思ったんだよね。

　結婚は一生を一緒に過ごそうっていうコミットメント。だからといって、結婚前の生活をすべて手放さなくてもいい。

　結婚は新しい喜びや発見をもたらしてくれるけど、もともとあなたの中にある喜びや達成感、楽しみだって大事に取っておいてほしい。

　家族時間も大切、でも、自分のお財布から気になっていたお洋服を一着買ってみたり、家で趣味の本に没頭したり、家庭と自分を切り離して仕事に没頭したりすると頭がすっきりする。

　まるで、二人の自分がバランスを取ってくれるみたいに。

　夫婦も違う人間同士。バランスの取り方だって違うじゃない？　だから、お互いのストレスにならないくらいに、相手を思いやって自立し合うことが大事なんだと思うの。でもすべてのゴールは家族が幸せでいるため。子供の笑顔を守るため。自立と家族のバランスを取る時に、どうしたら家族の犠牲を最小限にして進められるかをまず考えて夫婦で相談してほしいな。

　恥ずかしいことも、失敗も、悔しいことも、楽しいことも、自立した先に生まれた感想を共有＆アドバイスし合えるようになったのが、今でもお互いを尊敬できて、ベストパートナーだと思える秘訣なのだと思う。

　その分、ディベートみたいなことになりがちですけどw

Thank You All

EPILOGUE

　4年間WEBサイト「幻冬舎plus」でファッションコラムを書かせていただき、自分の好きなスタイルがどんどん明確になってきた。
　頭の中でぼんやり思うのと文字に起こすのとでは全然違うね。

　そして同時に自分を分解して、「好き」を見つけるのがこんなに大変なのかとも感じたよ。普段の生活の、当たり前化している部分をひもとく作業。
　それって、大変だけど楽しくて、学びがあって。
　自分の知らない自分を見つけられた気分。
　今回ご紹介した私服コーディネート100体も、このコラムを書かせていただいたからこそ頭の中の整理ができて組むことができた。

　100体を組む途中、息子が服にダイブしたり、ハイヒールを履いて部屋中歩き回っていたけど、それもいい思い出☺

　ファッションも美容もライフスタイルも、すべては小さな幸せ。
　満足することで、褒められることで、自己肯定感が上がってくる。
　正解なんてどこにもない。ただ自分に自信が持てたら、それでい

いの。

　大好きなファッションを熱く語らせていただける場を作ってくださった幻冬舎・真鍋さん、相談に乗ってくださりアイディアをたくさんシェアしてくださったライター・西尾さん、100体という膨大な量の撮影をしてくれたカメラマンNINAさん、一緒に涙を流してくれたヘアメイクTOMIEさん、スタイリングのアドバイスをして撮影中もそばにいてくれたスタイリスト・石関さん、いつも支えてくれているパートナー的存在のマネージャー・ラビさん、スタッフのみなさんがいてくださったからこそこの本が出来上がりました。本当に、本当にありがとうございます。

　そして、なによりも、この本を手にとってくださったみなさま。
　数あるスタイルブックの中から選んでくださり、心から感謝申し上げます。

　みなさまの小さな「好き」が見つかる本でありますように。
　心を込めて。

まりあ

神山まりあ

1987年2月17日生まれ。2011
年ミス・ユニバース日本代表。
2015年結婚、2016年男児出産。
妊娠時にスタートしたSNSが女
性ファッション誌ライターの目に
留まる。2017年1月号の『VERY』
(光文社)にモデルとして登場し、
現在もレギュラー出演中。その
ほかテレビ出演、さまざまなア
パレルブランドとのコラボアイテ
ムを発売するなど活躍の幅を広
げている。家族との時間や仕事
中の様子など、日常を綴るイン
スタグラムも人気。
@mariakamiyama

おしゃれは3色でいい
毎日が今よりもっと楽しくなる50tips

2024年3月13日　第1刷発行

著　者　神山まりあ
発行人　見城 徹
編集人　福島広司
編集者　真鍋 文

発行所　株式会社 幻冬舎
〒151-0051 東京都渋谷区千駄ヶ谷4-9-7
電話：03 (5411) 6211 (編集)
　　　03 (5411) 6222 (営業)
公式HP：https://www.gentosha.co.jp/

印刷・製本所　大日本印刷株式会社

検印廃止

この本に関するご意見・ご感想は、
下記アンケートフォームからお寄せください。
https://www.gentosha.co.jp/e/